鄭石岩作品集

大眾心理館

禪學與生活

4

大眾心理館
鄭石岩作品集・禪學與生活4

優游任運過生活

優游的生活態度，任運的生活智慧

作者：鄭石岩
執行主編：林淑慎
特約編輯：楊菁
美術設計：雅堂設計工作室
發行人：王榮文
出版發行：遠流出版事業股份有限公司
100臺北市南昌路二段81號6樓
郵撥：0189456-1　電話：2392-6899　傳真：2392-6658
香港發行：遠流（香港）出版公司
香港北角英皇道310號雲華大廈4樓505室
電話：2508-9048　傳真：2503-3258
香港售價：港幣80元
法律顧問：王秀哲律師・董安丹律師
著作權顧問：蕭雄淋律師
□2007年8月16日三版一刷
行政院新聞局局版臺業字第1295號
售價新台幣240元（缺頁或破損的書，請寄回更換）

ISBN 978-957-32-6132-2

ylib 遠流博識網
http://www.ylib.com
E-mail: ylib@ylib.com

大眾心理館・鄭石岩作品集・禪學與生活 4

鄭石岩 著

優游任運過生活

優游的生活態度，任運的生活智慧

總序

我的創作歷程

鄭石岩

寫作是我生涯中的一個枝椏，隨緣長出的根芽，卻開出許多花朵，結成一串累累的果子。

我寫作的著眼點，是想透過理論與實務的結合，闡釋現代人生活適應之道，提倡正確的教育觀念和方法，幫助每個人心智成長。透過東西文化的融合，尋找美好人生的線索。我細心的觀察、體驗和研究，繼而流露於筆端，寫出這些作品。書中有隨緣觀察的心得，有實務經驗的發現，有理論的引用，也有對現實生活的回應。在忙碌的工作和生活中，我採取細水長流，每天做一點，積少成多。

從第一本作品出版到現在，已經寫了四十幾本書。這些書都與禪佛學、教育、親職、心靈、諮商與輔導有關。寫作題材從艱深的禪學、唯識及心靈課題，到日常生活的調適和心智成長，都保持深入淺出、人人能懂的風格。艱澀冗長的理論不易被理解，特化作活潑實用的知識，使讀者在閱讀時，容易共鳴、領會、受用。因此，這些書都有不錯的評價和讀者的喜愛。

每當演講或學術討論會後，或在機場、車站等公共場所時，總是有讀者朋友向我招呼，表達受惠於這些著作。他們告訴我「你的書陪伴我度過人生最困難的歲月」，或說「我是讀你的書長大茁壯的」。身為一個作者，最大的感動和安慰，就在這些真誠的回應上：歡喜看到這些書在國內外及中國大陸，對現代人心靈生活的提升，發揮了影響力。

多年來持續寫作的心願，是為研究、發現及傳遞現代人生活與工作適應的知識和智慧。所以當遠流規劃在【大眾心理館】裡開闢【鄭石岩作品集】，期望能更有效服務讀者的需要，並囑我寫序時，心中真有無比的喜悅。

我在三十九歲之前，從來沒有想過要筆耕寫作。除了學術論文發表之外，沒想過要從事創作。一九八三年的一場登山意外，不慎跌落山谷，脊椎嚴重受創，下半身麻痺，面臨殘障不良於行的危機。那時病假治傷，不能上班，不多久，情緒掉到谷底，憂鬱沮喪化作滿面愁容。

秀真一直非常耐心地陪伴我，聽我傾訴憂慮和不安。有一天傍晚，她以佛門同修的立場警惕我說：「先生！你學的是心理諮商，從小就修持佛法；你懂得如何助人，也常常在各地演講。現在自己碰到難題，卻用不出來。看來你能講給別人聽，自己卻不受用。」

我聽完她的警語，心中有些慚愧，也有些省悟。我默然沉思良久。我知道必須接納現實，去面對眼前的困境。當晚九時許，我對秀真說：「我已了然於心，即使未來不良於行，也要坐在輪椅上，繼續我的教育和弘化工作，活得開心，活得有意義才行。」

她好奇的問道：「那就太好了！你準備怎麼做呢？」

我堅定的回答：「我決心寫作，就從現在開始。請你為我取下參閱的書籍，準備需要的紙筆，以及一塊家裡現成的棋盤作墊板。」

當天短短的對話，卻從無助絕望的困境，看到新的意義和希望。我期許自己，把東方的禪佛學和西方的心理學結合起來，變成生活的智慧；鼓勵自己，把學過的理論和累積的實務經驗融合在一起，成為活潑實用的生活新知，分享給廣大的讀者。

邊研究邊寫作，邊修持邊療傷，健康慢慢有了轉機，能回復上班工作。歷經兩年的煎熬，傷勢大部分康復，寫作卻成為業餘的愛好。從一九八五年出版第一本書開始，所有著作都經秀真校對，並給予許多建議和指教。有她的支持，一起分享作品的內容，而使寫作變得更有趣。

住院治療期間，老友王榮文先生，遠流出版公司的董事長，到醫院探視。我送給他一本佛學的演講稿，本意是希望他也能學佛，沒想到過了幾天，他卻到醫院告訴我：「我要出版這本書。」

我驚訝地說：「那是佛學講義，你把講義當書來出，屆時賣不出去，你會虧本的。這樣我心不安，不行的。」

他說：「那麼就請你把它寫成大家喜歡讀的書，反正我要出版。」

就這樣允諾稿約，經過修改增補，《清心與自在》於焉出版，而且很快暢銷起來。因為那是第一本融合佛學與心理學的創作，受到好評殊多。爾後的每一本書，都針對一個現實的主題，紮根在心理、佛學和教育的學術領域，活化應用於現實生活。

禪佛學自一九八五年開始，在學術界和企業界，逐漸蔚成風氣，形成管理心理學的一部分，企業界更提倡禪式管理、禪的個人修持，都與這一系列的書籍出版有關。

後來我將關注焦點轉移到教育和親職，相關作品提醒為師為親者應注意到心理健康、學生輔導、情緒教育等，對教育界也產生廣泛的影響。教師的愛被視為是一種能力，親職技巧受到更多重視，我的書符合了大家的需要，並受到肯定，例如《覺・教導的智慧》一書就獲頒行政院新聞局金鼎獎。

在實務工作中，我發現心靈成長和勵志的知識，對每一個人都非常重要。於是我著手寫了好幾本這方面的作品，許多家長把這些書帶進家庭，促進親子間的和諧，並幫助年輕人心智成長；許多大學生和初踏進社會的新鮮人，都是這些書的讀者。許多民間團體和讀書會，也推薦閱讀這些作品。

唯識學是佛學中的心理學，我發現它是華人社會中很好的諮商心理學。不過原典艱澀難懂，於是我著手整理和解釋，融會心理學的知識，變成一套唯識心理學系列。此外，禪與諮商輔導亦有密切的關係，我把它整理為禪式諮商，兼具理論基礎和實用價值，對於現代人的憂鬱、焦慮和暴力，有良好的對治效果。目前禪與唯識，在心理諮商與輔導的應用面，不只台灣和大陸在蓬勃發展，全世界華人社會也用得普遍。每年我要在國內外，作許多場次的研習和演講，正是這個趨勢的寫照。

二十年來我在寫作上的靈感和素材源源不絕，是因為關心現代人生活的適應問題和心理健康。我從事心理諮商的研究和實務工作超過三十年，個案從兒童青少年到青壯年及老年都有；類別包括心理調適、生涯、婚姻諮商等，我也參與臨終諮商及安寧病房的推動工作。對於人類心靈生活的興趣，源自個人的關心；當我晤談的個案越多，對心理和心靈的調適，領會也越深。

我的生涯歷練相當豐富。年少時家境窮困，為了謀生而打工務農，當過建築工、水果販、小批發商、大批發商。經濟能力稍好，才有機會念大學。後來我當過中學老師，在大學任教多年，擔任過簡任公務員，也負責主管全國各級學校訓輔工作多年，實務上有許多的磨練。

我很感恩母親，從小鼓勵我上進，教我去做生意營生。她在我七歲時，就帶我入佛門學佛，讓我有機會接觸佛法，接近諸山長老和高僧，打下良好的佛學根柢。我也很感恩許多長輩，給我機會參與國家科技推動工作長達十餘年，從而了解社會、經濟、文化和心理特質，是個人心靈生活的關鍵因素。如果我觀察個案的眼光稍稍開闊一些，助人的技巧稍微靈活一點，都是因為這些歷練所賜。在寫作時，每一本書的視野，也變得寬博和活潑實用。

現在我已過耳順之年，但還是對於二十餘年前受重傷所發的心願，珍惜和努力不已。希望在有生之年，還有更多精神力從事這方面的研究和寫作。寫作、助人及以書度人，是我生命意義中很重要的一部分，我會法喜充滿地繼續工作下去。

《優游任運過生活》

目錄

總序／我的創作歷程……4
新版序／用優游任運的態度，創造美好的人生……13
原序／追求清心與自在……17

壹 優游愉快的心境……19
實事求是……26
積極開朗的態度……30
簡樸的生活……35

貳 改變惡劣的情緒……43
化解憤怒……48
調理性急……52
排遣厭倦……57
學習含蓄與厚道……61

參 信心使你堅毅挺拔……65
培養信心……70
勇於信人……78
對真理的信心……80
宗教的信仰……82

肆 蓬勃的朝氣與活力……85
超然的體驗……89
銳氣使你振作……93
化憂鬱為力量……96
需要明確的目標……101
伍 精進的生活態度……105
學習忘懷之道……111
培養豪邁之氣……114
省悟中脫胎換骨……116
痛改前非……119
發現工作的價值……121
陸 培養好的人緣……125
布施帶來人緣……129
以良好的談吐來助緣……132
方便別人可以增緣……137
在參與中結緣……140

柒 開啟光明的智慧 145
肯定自己 151
孕育你的思想 157

捌 家庭是幸福的搖籃 165
幸福的婚姻 168
和諧的親子關係 175

玖 創造自己的命運 187
好運者的性格 196
立命的哲學 202

拾 任運於開放的社會 211
做你該做的人 216
自我控制 220
化險為夷 226

新版序

用優游任運的態度，創造美好的人生

從事心理學的研究和諮商輔導工作，算來已屆四十年了。在這樣的實務工作中，我發現人要活得開心健康，過得快樂充實，就必須對自己的人生有個方向感，而它的關鍵就在於用優游任運的態度，來創造美好的人生。

所謂優游，是指一個人在工作和生活的態度上，表現得游刃有餘，不會陷入急躁、過度功利和強烈的自我催逼當中。

現代人急於追求功利和效率，因此常表現得太過急切、焦慮和緊張，太強調競爭和媲美比較，因此而容易患得患失，憂忿不安，所以有些人一年到頭難得一展歡顏，連輕鬆一下都很難做到。由於心理和現實生活都繃得太緊，緊張和焦慮使許多人無時無刻像驚弓之鳥一樣，所以不快樂的人逐年增加，心理生活貧乏的人更是普遍，而迫於生活的無奈，讓許多人陷入沮喪和憂鬱的漩渦中而不能自拔。因此，如果你想活得快樂些，就得學習優游任運的態度。

優游並不是賦閒不工作，也不是拈輕怕重，更不是找樂子不幹正事，而是讓生活與工作的步調保持協調和平衡。生活在這個資訊化的時代，資訊就像大海一般浩瀚，像江河一般波濤洶湧，因此如果你沒有建立生活的主動性，知所取捨，懂得進退和自我控制，那就很容易會被生活大海中的瘋狗浪給捲走。

優游是建立在簡單與簡樸上，就如禪家所指出的「西江之水，只取一瓢飲」一樣，你無需跳到滾滾洪流中被大浪給吞噬。所以，我們要學會懂得如何排遣不好的情緒，化解常會遇到的敵意和憤怒，避免因忙碌而引發性急，那樣不但容易誤事，也會破壞你的心情。

此外，以持續漸進的方式學習，保持與時俱進的態度，則能提升你的能力和信心，讓你更能優游自在，更胸有成竹，產生效能和影響力，以振作的精神來有效回應生活的挑戰。而培養信仰和領受超然的體驗，以及欣賞大自然的美和恩賜，亦能增進你的優游態度，透過這些靈性的陶冶和啟發，你的胸襟自然開闊曠達。

至於第二個態度任運，並不是為所欲為或放任自己隨波逐流，而是運用自己手中所掌握的資糧或素材，去創造和發展出自己的路。我們每個人都必須要了解自己，接納自己的光明面和可用的才華，努力活出自己的風格；光是會羨慕別人或抄襲別人，那是沒有用的。

成功的人生和事業需要機緣，而緣是可以培養的，你肯學習就有新知和能力的緣；你願意參與和實際歷練，就有展現實力的緣；學習能力和經驗是做事的緣，待人處世的圓融則是合作成事的緣。緣不是站著等來的，而是自己努力得來的。

人生不是只有事業，還包括家庭生活和社會責任。能經營婚姻，懂得教養子女，孝敬親長，你就有豐富的幸福感；反之，則會覺得不安和空虛。有許多人在事業上有所成就時，卻反而在家庭生活中陷入緊張和愁苦，他們的缺憾是很深痛的。

人要培養健全的性格，才能任運於現代社會。性格就是個人的命運，立命之學就是為自己創造光明智慧的性格。這要透過反省和改過，行善與提升自我效能，才能讓自己在社會中過實現的生活，從而負起社會責任，領受奉獻的意義和價值。

生命是一個實現的過程，透過智慧和感情，我們展現出光采的幸福，並感受到它的美好和希望。這需要一個正確的認知：用優游任運的態度，來創造美好的人生。

這本書融合佛學的智慧和心理學的實用知識，對現代人的生活態度提出建言，多年來受到廣大讀者的喜愛。值此新版之際，在內容上做了些許修正，期待它是一本能啟發生活智慧、開展幸福人生的實用好書。

原序 追求清心與自在

佛學為什麼會受到現代人的喜愛？理由很簡單，因為人類心靈深處確實存在著追求平靜和自在的渴望，即使不信佛不學佛的人也是一樣的，那是一種心靈的需要，同時也是精神生活賴以維持的原因。然而在現代的工技社會，由於每天都生活在緊張、忙碌和諸多擾攘及無止境的競爭中，因此帶來了焦慮和不安，讓不少人的生活缺乏獨立性和創造性，更形成倦怠和無能感，所以佛學所追求的醒覺和自在的生活態度，很自然的便成為現代人追求精神生活的焦點。

誠如心理分析學家佛洛姆所說：「人們正經歷著西方文化的危機（工技社會下的精神生活危機），它就是不安、倦怠和時代病，它是焦慮、躁鬱和絕望……。禪佛教能為生存問題尋求答案——覺悟者。這個答案與現代最珍貴的成就不相衝突，因為它不違背理性、真實和獨立。」現代人要使自己生活得清醒、愉快和圓滿，就必須去接近佛的生活智慧。

然而，佛學典籍浩繁，文字晦澀難懂，若非經過一番消化整理，很不容易成為通俗的讀物；一般的佛學著作若不是陳義太高，不能與生活打成一片，就是層次太低，幾近迷信，而不易被現代人所接受。有鑑於此，我便把佛學與心理學加以整合，予以通俗化，將佛學從藏經閣中搬到一般人的面前，讓每個人都能沐浴佛緣，學習如何提高自己的精神生活。

《優游任運過生活》是一本透過心理學而後用佛法來解決現實生活問題的書，經由佛學的體驗、心理學的專業知識，以及從事心理輔導的經驗，對現代生活的提升之道，做深入淺出的分析和建議。

本書不只能幫助現代人克服精神生活的困境，並能告訴你如何優游於價值紛繁的現代社會。更重要的是，它能幫助你做醒覺的工夫，肯定自己，實現自己，而任運於這擾攘的現代社會，實現成功的人生。

壹

優游愉快的心境

佛法

汝但任心自在，
莫作觀行亦莫澄心，
莫起貪嗔莫懷愁慮。
蕩蕩無礙任意縱橫，
不作諸善不作諸惡。
行住坐臥觸目遇緣，
總是佛之妙用，
快樂無憂故名為佛。

——《指月錄》（道信禪師語）

解說

你聽任自己自由自在，
不必刻意造作或清除心中的意念，
也不要貪婪、忿恨或心懷憂懼。
只須坦蕩真心任意縱橫的生活，
不刻意追求善行和別人的讚美，
也不為非作歹。
在日常的生活中誠心待人接物，
便能由醒覺而發出妙用，
能夠這樣便能快樂無憂，
所以才稱做佛（醒覺）。

愉快的心情不但能使你感受到朝氣蓬勃和曠達安適，同時也能讓你擁有清醒的回應能力，遇到挫折或困難時能比較樂觀，抗拒緊張的能力增強，睡眠好，身體健康，做起事來也比較帶勁，富有創意。

反之，長期的心情不愉快，讓多愁善感往往伴隨著憂鬱，腐蝕你的精神，而時日一久，心情就像陰霾的天氣一樣愁悶不開，使你有頂受不住的感覺。這時如果正好要適應一個新的環境，或碰到不如意的事，或者工作量突然增加，就很容易導致精神崩潰，變得沮喪，不能安眠，甚至帶著一種來勢洶洶的衝動，發出忿怒的情緒或暴力。精神崩潰的現象是：逃避、退縮、啜泣、不安與暴力（自殺或攻擊別人），其情緒低落而不能工作，失去應付挫折、恐懼和不安的能力。

精神崩潰是由於長期處於不愉快的心境和累積心理壓力所致，而所謂的心理壓力則包括身體的、社會的和精神的。比如說，某甲有憂鬱不樂的習慣，倘若社會壓力突然升高，責任增加，或遭遇太多批評而導致精神緊張，再加上疲憊與睡眠不足，就會造成心理崩潰。

一位平常恪守本分的中年婦人，凡事自我要求很高，工作非常勤奮，但對於周遭的事物，卻常帶有看不慣的敵意，因此難得歡顏和憤世嫉俗便成為她的人格特質。有一天，丈夫在事業上有了變動，婦人心中開始覺得懼怕和不安，同時為了處理家事與丈夫發生口角，內心更加不安、疲憊，加上失眠，終致產生自殺的念頭，一股強烈的衝動逼自己喝下毒藥，幸好及早發現趕緊送醫救治。

有位學生一心一意渴望進大學，經過兩次考試失敗的打擊，又加上父母親基於健康的理由，強要他放棄考試，這樣幾經挫折，使他承受不住，便突然變得心智恍惚，每天關閉在家，神色蒼茫，無精打采的像個白癡一樣。

精神崩潰與不愉快的心理壓力有著密切的關係。心理分析學家認為：一切心理疾病與懼怕有關，它形成壓力的風暴，破壞心理防衛機制而造成崩潰。精神崩潰固然可以治療，但能否完全治癒，就要看其嚴重程度和治療是否充分而定，因此最根本的方法還是「預防勝於治療」。以下便是幾種預防精神困頓及保持心情愉快的方法。

首先，要以面對事實的態度和有條理的方法來應付挫折。認清事情的原委，提出解決的辦法，並努力去實踐，這樣一來，每遇到一次失敗或挫折，都發生了一次經驗的改造與自我提升，不但能培養解決生活難題的能力，而且也提高了自己的信心和安全感。

其次，是要學會「放下」它。事實與情緒本來就是兩回事。遭遇到失敗是一個事實，但如果演化成憤怒與不安，或者拊膺切齒、痛不欲生時，那就變成是情緒的困擾了，這在佛法上稱為無明或煩惱，它會造成心理壓力，使思想僵化，鑽牛角尖，以致通夜不眠，萬念俱灰。這時，一定要記得把它「放下」，讓自己輕鬆下來，去度個假或者做做運動，使身心恢復平衡，再設法解決問題。

再者，要從「擴大視野」去看挫折或損失。遇到困擾時，如果把它看成是無法彌補的損失，當作是自己全部生活的挫折或損害，心理生活空間便會隨之縮小，然後陷入悲愁的天羅地網，再也逃脫不出來。俗話說「越想越不開心」、「越想越生氣」，這是為什麼呢？那是因為鑽入牛角尖，走入死胡衕，把自己置身於悲鬱的「煉獄」。這時，尋求「解脫」之道就是擴大視野，提醒自己除了這件失意的事之外，還有很多方面值得努力和珍惜，包括親情、友情以及許多值得自己去做的事；或者可以想想還有許多人的遭遇遠比自己更不幸，憐憫之心便會油然生起。能夠這樣，視野不但擴大了，心靈也提升了，失敗和失意便成為蔚藍天邊的一片雲，漸漸遠離飄逝。

心理生活的事實是：從井裡看世界，生活空間只有一口井；從世界來看井，井渺小得像滄海中的一粟。懂得擴大自己的視野，就可以解脫失意或悲愁。

關於如何處理失意和不安，達摩和他的弟子慧可的談話，具有很大的啟發性。有一次慧可說：

「我的心不安，請師父替我安。」

達摩說：

「你把心情拿出來，我替你安。」

慧可說：

「我拿不出來。」

達摩說：

「好！我已經把你的心安好了。」

從他們師徒間的簡短對話，似乎在提示我們，每個人都會有不安的經驗，當我們主動要尋找它時，就會發現它已消失得無影無蹤；但如果企圖予以克服或逃避，則會造成更多的不安。因為心情畢竟不是事實，而是因某件事發生挫折，所衍生出來的情緒和聯想。當我們能面對事實然後認真生活時，情緒困擾就會消失；而如果困在情緒中自尋煩惱，那就會庸人自擾，生活在妄境裡。

消除憂鬱，不如直接培育愉快的心情來得直接。許多人以為愉快是可遇而不可求的，事實上這是一個錯誤的觀念。一個人愉快與否，若隨著自己的遭遇而變化，那就犯了佛家所謂「隨境轉」的錯誤。心情很容易受到環境影響的人，是很脆弱的；而一個「自己作不了主」的人，他的人生將充滿無奈和無力感，很容易失去活力，失去愉快的歡顏。

為了教誡人們懂得自己作主，懂得自我控制，釋迦牟尼佛告訴我們，可以透過學習和訓練，而深通自在喜悅的三昧（心境合一，且心不住念也不住境）。他提出的原則是：轉境。怎麼轉境呢？那就是換一個心境，優游逍遙的生活。

有一次，一位學生問大珠禪師有關生活的道理，大珠詳細地一一加以解說，最後那位學生歸納老師的結論說：

「照這麼說，人生畢竟是一無所有囉？」

大珠說：

「畢竟是你自己，不是畢竟一無所有。」

於是那位學生很高興地悟道了。這個道理，就像心理分析學家歐文和紐曼（Jean Owen & Mildred Newman）所說的：「快樂的泉源不在身外，而在心內。大部分人並沒有去發掘自有的快樂潛力，像在等別人授予他過充實的生活。其實能給予我們愉快的，只有自己。」這個論點和佛經所說的「萬法唯心」是相通的。以下就來介紹幾種培養愉快心情的方法。

實事求是

一般人對「實事求是」的觀念，指的是踏實努力的工作。但就心理學的觀點來看，就不只是一句美麗的格言，而是一種心理健康的法則。

首先我們要注意的是：如果人不能對自己「求是」，違背自己的個性、能力和興趣，去選擇事業或人生目標，則每天所做的事，就不是真心想做的。在這種情況下，越是認真，越會覺得事與願違。自己為了地位或名利，而孜孜不倦的做些原本不喜歡的事情，即使得到成就，也未必是快樂的。一個活在「虛妄」（不屬於自己本質的種種意念）裡頭的人，每天都在與自己過意不去。

雖然說每個人的可塑性都很大，但彼此各有不相同的特質，這是毋庸置疑的事。一個人可以從許多方面去發展，但一定要配合自己的潛能，才會有好的成就和生活上的快慰。許多大學一年級的學生都會考慮轉系，有些人考慮的是未來的出路，有些人考慮的則是自己的興趣，而最重要的是，必須先了解自己的性向、能力和個性，再做選擇。

當我是大一學生的時候，也很想轉系，心裡總認為念教育是沒有前途的。後來我的老師心理學家胡秉正教授告訴我：「一定要認清你自己，然後再做決定。」經過一番思索與檢討，我決定繼續讀教育，而且直到目前為止，我還是很喜歡教育的工作，生活過得很愜意。我很慶幸能遇到這樣一位指點我的良師。

心理學家施薇兒（Lisa Swell）說：「你之所以為你是好的，我之所以為我也是好的。」你我各不相同，是不能比較的。成功與個人的本質分不開，許多人放棄自己的本質，去做自己不願意做的事，這就是不成功的原因。然而，怎樣才能發現自己的本質呢？我的建議是：

- 仔細列出自己過去成功或得意的事情。
- 分析這些事例中，你所表現的能力、態度、人際關係、情緒、體能、人格等特質。
- 歸納你成功的理由和因素。
- 找出自己的價值觀。價值觀可歸類為美感、人道、智能、經濟、權力、宗教、快樂七大類，你應根據價值觀的類別來選擇生活的方向。
- 從過去所表現的成功因素和價值觀中，決定你的人生目標或職業。

實事求是的第二個涵義是：在日常生活中，不宜用十全十美的標準來要求自己。人不可能十全十美，因此，以它作為標準來衡量自己，無異是種自我虐待，造成終日緊張和沮喪。在我從事輔導的經驗中，發現許多自暴自棄的人，最初是要求自己十全十美的，最後的結局卻是：「我這個人就是這樣，如果不完美，我就不做。」心理學家沙格曼（Daniel A. Sugarman）解釋這種偏執：「如果真的好好的幹，你常會成功。但若想做到十全十美的地步，慣於苛求自己，往往在未開始之前，便已注定失敗。」

一位家庭主婦為了準備晚餐招待客人，而陷入嚴重的憂鬱苦悶。她的憂懼並不是怕因為準備晚餐而太過勞累，而是想把它辦得盡善盡美，因此造成嚴重的心理壓力。佛經上說，一個人必須以平常心去生活，也許就是這個道理吧！

要求自己十全十美的人，在他的心理深處，總是存在著一種與別人比較的動機，或者期待別人對他誇獎的意念。這類念頭，把自己導向虛妄，因此他的心理生活總是面臨著「十目所視，千手所指」的緊張和壓力。

一個人想培養愉快的生活氣氛，就得實事求是，用平常心去看自己和周遭的事物，一切自然順適。大珠禪師曾說：

解道者，行住坐臥無非是道，

悟法者，縱橫自在無非是法。

這裡所謂的解道悟法，無非是一個平實的態度。唯有這樣的態度，才會體會到「日日是好日，夜夜是春宵」的恬適愉快。

積極開朗的態度

一個人是否生活得愉快，跟他的處世態度有絕對的關係。抱持消極態度的人，總是以悲觀的眼光看待世事，以負面的想法來處理人生，因此他的思想便充滿防衛性和逃避的傾向，情緒緊張不安，情感裡帶有無病呻吟的哀愁，沮喪的意識永遠縈繞在腦海裡。在我們的一生當中，要找出不如意的遭遇固然很多，但是要發掘如意的事情，同樣是滿筐滿簍，但如果腦子只專注在不如意的事情上打轉，如此一來，如意感就會悄然引退，這時心理生活將會被挫折、悲愁和苦惱所盤據。

一位不幸失去雙手的少女，仍然不失生氣蓬勃的本色。她學會用腳靈巧的做事，過正常的生活，參加社交活動，而更難得的是，她表現得落落大方，有自信，眉宇間綻放著愉快的神色。別人跟她相處，很容易就會忘記她的殘缺，而她態度之優雅，更是令人敬佩。為什麼這位失去雙手的少女，能在人生中表現得如此成功呢？我們可以從她的談話中得到答案，她說：

「我最初發覺自己和別的孩子不一樣時，第一個念頭就想躲起來。我覺得殘缺是可憎的，別人看了就倒胃口，因此有時候我很想死。」後來她改換了積極的態度，她說：

「我坦白承認自己沒有手臂，別的孩子如果好奇想看，就讓他看吧。無論如何，我絕不當眾哭泣，儘可能擺出笑容。過了一段時間，我根本就可以把自己的殘缺變成有趣，而不再是可憎的事。我將殘缺變成對人的讚美，而不是對人的侮辱，我更可以表現出一個人身體的潛在力是多麼可貴。」

就這位少女的身世而言，不如意的事遠比如意的事多，但是她卻能在殘缺的人生際遇中，發現可貴的那一面，然後把自己的心志投入到少許的光明面上，因而看到光明的人生。相反的，許多人擁有富足和健全的身體，但只因少許的困難或一時的失敗，便滿腦子消極和悲切，有些人甚至經常哭泣，把天生的蓬勃朝氣給扼殺了。

我們必須明白，愉快就像萬里無雲的晴空，悲愁和消極就像陰霾閉塞的烏雲。如果長期陷在不愉快的氣氛裡，無論在心智、情感和身體等各方面，都會漸漸發霉腐敗。有位婦人她所擁有的生活條件，已經比一般人來得優厚，但是卻常常慨嘆憂愁，積鬱成疾。因為她從來不去欣賞自己的優點和成功的那一面，總專事挑剔孩子們的頑皮，長輩的缺點，甚至連姊弟的事也看不順眼。她劈頭第一句話就說：「我比誰都不幸，你看我好好的，但是我沒有一件事情是如意的。我的父母、姊弟和孩子，總是有許多問題讓我頭疼。」接著就泣不成聲了。

聽她冗長的泣訴，待她情緒漸漸穩定後，我請她拿出紙筆，把自己所遭遇的「如意」或「好的」際遇列出來。她想了又想，搖搖頭說，我沒有一件事是如意的。於是我問她：妳的孩子一點都不可愛嗎？他們不是很健康、很聰明嗎？妳的父母很健康吧，現在並不需要你服侍湯藥吧？妳丈夫的事業不是做得不錯嗎？我要她回去用一張紙，把家裡每個人的優點列出來，每天都去發掘新的優點，然後欣賞它，這樣就可以培養一個人的樂觀和愉快的情緒。樂觀的意思就是找出令人快樂的那一面去看人生，去看問題，以培養愉快的朝氣，去實踐新的目標，克服擺在眼前的困難。這位婦人照著做了，後來她告訴我說，心情已逐漸好轉。

積極樂觀的態度對健康也有重大的影響，一個想以生病來逃避現實的人，最後可能會弄假成真，真的生病了。英國詩人勃朗寧（Robert Browning）的夫人伊麗莎白（Elizabeth Barrett Browning），因父親極為專制，所以她很想逃避父親的嚴格管教。小時候，有一次她的脊椎受到輕傷，她便小題大作的裝成重病，想藉此逃避，結果竟成為纏綿病榻的病人。這種情形一直維持到她四十歲，遇到英俊的勃朗寧後，才替她打破桎梏，不再纏綿病榻。婚後，她一變而成為喜歡爬山、身體健朗的人，並且還生了一個孩子。

有些家庭主婦看到事務繁忙而幹勁十足的丈夫，因事業心重而冷落了她，便想裝病來吸引丈夫的注意力，或是有些父母則以裝病來期盼孩子能留在身邊，但這種消極的處世態度，往往使她真的成為病患，同時也破壞了家庭的幸福。一個人心裡想的是悲劇，通常就會得到悲劇的下場；相對的，想的是喜劇，就會得到喜劇的結局。根據心理學家的研究，愉快樂觀的病人，遠比消極憂懼的病人的治癒速度要來得快。

積極的態度，就是佛經上所謂的「正思」和「正念」。一個人的思想和態度正確，邪惡自然就會遠離自己；心裡沒有自艾自憐的意識，沒有執著操縱的心機，心曠神怡，自然一切都會如意自在。布袋和尚有首偈子，頗能發人深省，他說：

我有一布袋，
虛空無罣礙；
展開徧十方，
入時觀自在。

一個人的心地，確實要像個大布袋一樣開朗。能夠以積極的態度去生活，不拘泥、不執著、不逃避，自然活力十足，所以叫「展開徧十方」。時時保持愉快的心情，好好待人處事，所以能夠「入時觀自在」。

簡樸的生活

簡樸的生活可以帶來愉快的生命旅程。就像登山旅行一樣，必須儘量簡化行李，只把最重要的東西帶在身邊，才能跋涉長途，輕便地翻山越嶺，經得起顛簸的考驗，順利愉快地走完全程。有一位宗教家說：「我年紀越大，越看得出單純的思想和言行的莊嚴之美，越渴望用簡化、自然和開朗的態度，處理複雜的事務。」單純的生活使人品味到恬淡和專注，並使思想深刻有內涵，養成從容愉快的態度。

簡樸的生活是以單純和自然的理念，來處理日常生活的過程。簡樸不是孤獨或懶散，更不是退縮或消極，而是把許多紛亂的雜念拋棄，將繁雜的生活予以簡化，讓自己不被外在的物慾所影響，使心理淨化穩定，讓生命露出和悅的光輝，展現真正充沛的活力。

如果工作繁多，時間表排得滿滿的，必須應付許多交際應酬，那就很可能會感受到一種強烈的心理壓力，從而產生緊張和雜亂，甚至會有無能為力的感覺。這種感覺是一種不祥的警訊，因為它不但會使你喪失寧靜和快樂，同時也剝奪了你天生的創造智慧。

有一位朋友，他的企業已經擴展到相當的規模，相關事業也逐漸增加，但是不管大小事他都自己處理，連家裡的瑣事也要由他做主，每天總是早出晚歸，忙碌的工作和太多的應酬，終於使他無法支撐，瀕臨精神疲竭。他來請教我該怎麼辦？我的建議是：簡化自己的生活；刪除一些不是很重要的事，把家庭交給太太管理；學習專注，並注意改進事業上的管理制度，避免大小事通抓；每天騰出一點時間讓自己靜一靜；遇到繁雜的問題便暫時擱下，讓自己先放輕鬆，享受單純的優美與快樂，直到自己的精神恢復元氣後，再做處理。更重要的是：建立一個簡單的信念——有意義的生活目標。

一個懂得簡樸生活之道的人，必然開朗而有朝氣，他的一生也必然有驚人的成就。我們必須認清：美好的生活是一段由繁而簡的過程，也是克服混亂的勝利。

簡樸的生活能培養一個人單純、好奇及堅定不移的毅力，並消除過多的欲望，且能專注於始終如一的人生目標。許多發明家、哲人、政治領袖，乃至於最有潛力的工商業鉅子，都是從簡樸的生活中脫穎而出的。美國芝加哥大學宗教學教授馬帝（M. E. Marty）說：

「就生命的完整和集中力量的意義看，單純是天才的一部分。我們發覺愛因斯坦（Albert Einstein）赤子般的單純和他所稟賦的好奇、聚精會神的能力之間，有著密切的關係。我們也發覺，單純與深奧之間大有關聯。如史懷哲（Albert Schweitzer）生前是音樂家、哲學家、史學家和醫生，但他的淵博基於一個簡單的概念：他在非洲服務多年的焦點——對生命的崇敬。」

一個具有簡樸品質的人，必然要為社會帶來福祉。紅十字會的創辦人杜南（Henri Dunant）就是最好的範例。杜南原先是瑞士一家銀行的經理，一八五九年，他到達義大利北部，目睹一場兵荒馬亂的戰爭，眼看屍橫遍野，而法國和義大利雙方的軍中醫療人員，也無從應付日漸增多的傷亡者，每幢房子都變成醫院，一所小教堂內甚至擠滿了五百名傷兵，有些已經奄奄一息，而壞疽症和破傷風則十分猖獗，許多傷者因得不到照顧而輾轉致死。這時杜南將單純的理念化為行動和力量，他號召幾名旅客、士兵和當地居民，組成救護隊。

他們救傷不分敵我，一視同仁，高唱「大家都是兄弟」的口號。他那救苦救難的事蹟於是傳遍整個歐洲，各國聞風響應，運來大量救濟物資，他才悄然引退。

一八六二年，他在瑞士日內瓦出版了《蘇法利諾回憶錄》（*Un Souvenir de Solferino*）一書，寫出他目擊血戰的經過和情況，鼓吹各國成立救護團體。經過他的奔走，終於成立了國際救傷委員會，而這個組織就是今日「國際紅十字會」的前身。

一個有深度的人，他的思想總是那麼單純。在杜南的觀念裡，沒有什麼其他層出不窮的意念，因此他所提出的救難組織，才會漸漸擴大形成國際性的機構。一八六三年，杜南發現宰相俾斯麥（Otto Von Bismarck）正準備發動一連串的戰爭，歐洲將兵禍連年，因此他不避艱險的奔走於歐陸各國的首都和宮廷，說服十四國在日內瓦開會，通過了世界性的紅十字會基本原則。其基本精神是：戰場上的傷兵只要停止反抗，即該免受進一步的侵害，無論友方或敵方人員都應該援救他；軍中醫療人員及志願救護者，都不應該受到攻擊。由於他的努力，國際紅十字會正式成立，同時也把工作擴大到對戰俘的照料。

由於杜南不斷的、且全心努力於推展這項運動，因此他所經營的磨坊終在一八六七年倒閉了。此後他囊空如洗，四處流浪，過著簡樸的生活，沒有人知道他的下落，一直到一八九〇年，才被一位瑞士教師發現。當時他是一位可敬的長者，頭戴黑色便帽，蓄著銀白色的大鬍子，慈祥地和孩子們談話遊戲，那老師邀請這位老者到他家裡，這才知道，那慈祥的老者就是杜南。

世界紅十字會於一八九〇年在羅馬開會，披露了創辦人尚在人間及其生活困頓的消息，杜南的名字才再度傳遍歐洲。之後，各國人士對杜南的援助源源而至，瑞士聯邦會議通過一筆贈金，有些國家還鑄造杜南肖像的紀念幣，俄國太后也贈給他終身恩俸。一九〇一年，杜南獲得第一屆諾貝爾和平獎，那時他已七十三歲。此後杜南仍然在海登貧民醫院的一個整潔的小房子裡，每天僅以三法郎過日子，生活非常簡樸。一九一〇年他溘然長逝，遺言要求不舉行儀式，而埋葬他的蘇黎世，每年則有來自各地的遊客，來此憑弔這位屬於世界的人道主義者。

一個簡樸的人，往往最能表現出真摯、古道熱腸的風範，而他所懷抱的簡樸理念，就會化為珍貴的光輝。孔子讚美顏回說：

一簞食，一瓢飲，居陋巷，
人不堪其憂，回也不改其樂。
賢哉回也！

唯有過簡樸生活的人，才能認清生命，展釋活力，並真正體會到坦率、溫柔、無邪、快樂和寧靜。正因為顏回是簡樸的人，所以孔子才讚美他「賢哉回也！」

釋迦牟尼是簡樸生活的推動者，他離開複雜的宮廷，出家過簡單的生活，一生的努力只有一個單純的目標：救助苦難的袍澤。他單純的程度使我們望塵莫及，因為他連行善之心都沒有，他認為行善是本性的自然流露，無需特別去追求或張揚。他告訴我們一個單純的生活理念：

應無所住而生其心。

追求自我醒覺的人，應當有肯定本真那種單純的心念，要掃除複雜的生活和觀念，認真去做，一直到沒有什麼複雜的心思好掃除的。

簡樸的生活本就屬於人性的一部分，只是現代人把生活弄得紛擾複雜了，才需要透過簡化的步驟，來恢復純真善良的活力。

一個人若想生活得優游愉快，就必須先能肯定自己的本真，灑脫地照自己的本質去生活，抱持開朗的態度，過簡樸的生活，才能使自己活潑帶勁。

貳

改變惡劣的情緒

佛法

大道體寬，無易無難，
小見狐疑，轉急轉遲，
執之失度，必入邪路。
放之自然，體無去住，
任性合道，逍遙絕惱。

——《信心銘》

解說

生活的至理是渾圓寬厚而不急不徐；
心地狹小就會狐疑不安，
不是流於急躁憎忿，就是消極頹廢，
而心理失衡就會造成邪惡與厄運。
如果把得失看開，
心胸自然開闊毫不執著，
只要根據自性中的良知去察度，
就能與道相當，
逍遙自在而不起煩惱。

人總會有遇上困境的時候，這時一定要保持心情的寬闊包容，無論是錯在自己或別人，一定要以寬恕之道面對現實。困難終究是會過去的，只要不從怨恨出發，不墮入惡劣情緒的苦海，自然不會產生偏差的知見而誤入歧途，或因一時衝動而壞了大局，或者是抑鬱消沉而振作不起來。

惡劣的心境固然有其原因，或許是事業失敗、考試落榜，也或許是生活起了波折、感情有了困擾，或者是面臨嚴重的打擊和損失，但是真正形成困境的，卻是自己的情緒。傷害性最大的情緒包括怨恨、焦急、內疚、沮喪與厭倦，這些情緒會像怒海急流般衝擊你的性靈，產生一種強大的壓力，嚴重破壞你清晰的思考，讓你陷入困境。

因此我們必須學習寬容，有了這種修養，在人生的道路上自然能處處化險為夷，所以叫做「大道體寬」。第二次世界大戰期間，有人問杜魯門（Harry S. Truman）總統如何在繁重的任務和心理壓力下保持鎮定。他回答：「我心裡有個避難窩。」他接著解釋道：「就像士兵尋求掩蔽或休憩時，便退入散兵坑裡一樣，不時退入心裡的避難窩，一進去便不容任何事情煩心。」

一位哲學家說：人若要退隱到寧靜無煩惱的所在，最好的地方莫過於自己的靈魂。這種修身養性的功課，有助於保持精神的寧靜，因此他常勸人經常要做這種進修，使自己保持精神煥發。

如果我們把憤怒比擬為驚濤駭浪，那麼恐懼不安就像強烈的酸液。前者對我們的心靈發出強烈驚人的破壞力，後者則以侵蝕的方式，使人崩潰瓦解。因此，醫學界常提出警告，人類的許多疾病都是由焦慮和緊張所引起的，所以惡劣的情緒和精神生活，比細菌更容易使人類生病，而且也較難痊癒。

事實上，無論你面臨任何困境，煩躁情緒都不是困境所直接造成的，而是因自己的情緒反應所引發。因此，如果你能延緩一下，讓心靈生活有個「空」間，一切都會有新的轉機，使自己能從容應對，並防範惡劣情緒的產生。換句話說，如果你能有個緩衝的時間，不理會情緒的反應，讓心理有機會產生堅強的抗禦力，就能發現所謂的安樂窩。每個人心中都有一個清靜的本性，像海洋的深處一樣，永遠不起波瀾，我們要尋找的就是那寧靜的本體。當我們的心情起了波濤時，就要利用這個平靜的深度，去化解外來的壓力，使之恢復平靜。

佛法上亦有相同的說法，如果人們能用正確的觀念來代替惡劣的情緒，自然會使自己平靜開闊。禪宗六祖慧能曾經說：

若聞悟頓教，
則不執外修，
但於自心常起正見，
煩惱塵勞常不能染，
即是見性。

換句話說，如果能夠把情緒反應擱在一邊，而去正視事情本身，便能引導我們去克服困難，不使自己墜入無謂的情緒深淵，那就是見性的工夫。更具體的說，我們要懂得安排一個清靜的環境，當自己開始覺得不安的時候，能在那裡讓自己平靜、鬆弛下來，把一切情緒化的思想放下，就能獲得紓解。這絕對不是浪費時間，而是儲存時間，同時也在培養創造力，因為它像是一塊被浪濤衝擊的岩石，洶湧的海水四散之後即刻平靜，而岩石仍然屹立不動。慧能有一段話說得非常精彩：

內外不住，來去自由，
去除執心，通達無礙，
能修此行，與般若經本無差別。

它的意思是說：生活要不拘泥於外在的現象和內在的情緒，讓心靈活動得自由真實，排除心中的固執和看不開的念頭，便能真正通達自由。能夠這樣修行，就是有智慧的生活態度。

一個人要想在困境中穩住自己，讓自己有機會在平靜的安樂窩裡得到復甦，重拾自由和信心，孕育煥發的精神，再度在繁忙的社會中兢兢業業，有所成就，那麼以下幾個觀念便是值得我們深思和檢討的。

化解憤怒

別人得罪了自己，往往會引致發怒；自己的行動被阻礙了，也會發怒；甚至路見不平，也會使人發怒。憤怒可以說是很平常的情緒反應。但是一個人若常常發怒，那就該好好的檢討，因為它會傷害友情，破壞人際關係，影響身心健康，也會損壞成功的生活和事業。

憤怒是怎麼來的呢？當然是由於不滿和挫折，但它的背後還有一個真正的原因——自我中心。通常一個憤怒者如果能突破自我中心的外殼，去了解別人或關心一下周遭的事物，暫時把憤怒擺在一旁，那張狂的情緒很快就會平靜下來。

許多心理學家都曾經做過如何消解憤怒的研究，他們的結論大體可歸納為兩種方法：

第一種方法叫導洩法。也就是說，當我們憤怒時，要找適當的機會把一肚子的不高興說出來，說出你的感受和原因，不要悶在心裡讓自己難過。根據研究統計，大部分的人在導洩之後都能恢復平靜，血壓和緊張的程度也跟著下降。一個能有效說真心話的人，不但能消除憤怒，同時也能減低鬱悶和緊張，增進人際關係，減少許多無謂的摩擦。

憤怒如果得不到正常的導洩，這股情緒力量便會有兩種流向：第一是向外攻擊，或動粗或咒罵。攻擊的對象有可能是人，也有可能是器物。有不少人總愛把憤怒之氣發洩在自己的子女身上，因而造成親子關係的扭曲；或者發洩在摔甩家庭用具，因而造成家人的驚恐和緊張。第二則是轉而攻擊折騰自己，造成憂傷或內疚。他們總把問題歸咎在自己身上，因自己未臻理想而失望，為自己的無能而自責。

第二種消解憤怒的方法是擱置法。當自己發覺憤怒的情緒已經臨頭時，就在它即將發洩出來攻擊或辱罵別人之前，及時將它放下。但是，要怎樣才能把怒氣放下呢？心理學家的建議是：忍一下，「退一步想，海闊天空」。一時的氣憤，無論多麼強烈，只要延緩幾分鐘，自然就會平息下來。

我們常可發現，一時的憤怒和衝動如果不加以控制，則洩憤的行為將會更加變本加厲的刺激憤怒的情緒。很明顯的例子是，吵嘴的人會越吵越兇，因孩子不聽話而責打他們就會越打越憤怒。然而事情過後卻會萬分懊悔，有時久久不能平息，進而影響身心健康和清晰的思考。《佛遺教戒經》上說：

當自攝心，無令瞋恨，
亦當護口，勿出惡言。

若縱恚心，則自妨道，失功德利。
忍之為德，持戒苦行所不能及，
能行忍者，乃可名為有力大人。
若其不能歡喜忍受惡罵之毒如飲甘露者，
不名入道智慧人也。

這段經文除了說明「忍」的重要和利益之外，更重要的是，提供了另一種化解憤怒的方法：把別人對自己的攻訐和惡罵，當作培養心智力量的甘露。這正是心理學家弗蘭克（Victor Frankl）所謂發現意義能夠化苦得樂的原則。能夠用這種眼光去看待引起憤怒的事情，自然容易化解；何況一個具有高深宗教信仰的人，當然要在忍辱中，去汲取滋潤智慧成長的苦液。因為他們相信，能經得起逆境、悲傷和痛苦，生命才變得格外璀璨壯碩。

心理學家蘭德斯（Ann Landers）曾說：「我知道有些受到慘重悲痛的人，全靠著信仰才得以平安度過。我也相信以積極的行動去克服的功效。而時間有助於治療，能善用時間的人，可以克服得更快。」

當憤怒來臨時，如果我們能對自己說：「我要發怒，但不是現在，而是三分鐘後。」那麼這三分鐘的擱置，就能使自己的理智清醒過來，不再以發怒的方式處理問題。我想這種延緩的方式，就是佛家所謂「放下」的工夫。

調理性急

性急就是緊張的表現，那又是什麼原因引起緊張呢？根據研究顯示，腦內化學物質（神經傳導物質）的失衡，是心情突然變得緊張的關鍵。但為什麼會造成體內生物化學的變化呢？大部分原因來自於生活和心理，包括追求成功的內在與外在壓力、和子女或配偶間的衝突、不切實際的期望、一心想取悅別人、過度勞累而睡眠不足、貪財愛錢、缺乏自信、價值上的矛盾、生活適應上發生困難等等。當然，每個人的情況都不太一樣，所以這些原因並不是對所有的人都會產生緊張和性急，不過值得重視的是，引起性急的原因，通常是長期累積的結果。

性急究竟對一個人有什麼影響呢？其實很多，它會破壞體內的化學平衡，影響健康。醫生總是警告人們，過度且長期的緊張和性急，容易引起各種疾病，特別是心臟病。美國佛列曼和羅森曼（M. Friedman & R. H. Rosenman）兩位醫師，經過十五年的研究，他們把急性子和隨便發脾氣的人，稱為A型性格，而這些人得心臟病的比率特別高，在六十歲以前得心臟病的人至少有百分之九十的性格屬於A型性格。

而B型性格則與A型性格相反，這些人知道自己的能力和限度，不會匆促做決定或下斷語，但這並不表示他們不能刻苦積極。相反的，B型性格的人比A型性格者，更能成為較好的主管，因為他不會為難下屬，不會隨意傷及部屬的自尊，更能群策群力，而且策劃得更為周全。

A型性格是內在不安和欲望向外表現的結果。他們無法延緩欲望，無法按捺住對失敗和挫折的激動，其所遭受的精神壓力也比較大。根據佛列曼的報告：A型性格的人，冠狀動脈硬化的程度平均約為B型的二倍，而且膽固醇較高，腺體的分泌亦失去平衡。

對於急性子的人，佛列曼建議他重新做人。他的道理是：「要明白輕鬆優游並不是奢侈品，而是生活的必須品。」他提出重新做人的要點可歸納為：

- 讓自己的起居有較充裕的時間，一定要善加安排時間，使生活更從容。
- 要安排悠閒的時間，每天抽點時間和家人或朋友閒話，吃喝勿求太快。
- 記住，要在一段時間內專心做一件事，避免心不在焉。
- 切忌亂發脾氣，發脾氣是情緒管理能力不佳的指標，要防範於未然，避免暴跳如雷。
- 當你做一件事而感到情緒緊張時，不妨稍作休息。

每個人在特定情況下難免會有些緊張，它是認真工作和學習的必然現象，因此，偶爾緊張一下，這是正常的反應。但是如果經常情緒不穩，容易被激怒，或者為一件小事也表現得刻不容緩的樣子，那就需要「重新做人」了。佛列曼等使用一些線索來幫助你評鑑自己，看你是否屬於性急的人，例如：

- 小小的不如意就心煩意亂。
- 不屑與他人閒話家常。
- 對普通的生活樂趣覺得難耐。

●對未完成的事感到侷促不安。
●爭強好勝，什麼都輸不起。
●容易被激怒和生氣。
●等候時非常焦躁難耐。

一個人要是有了上列這些情況，那就表示有待努力改進。改進之道就是依佛列曼之前所提的那些重新做人的要點，但是如果當一個人的急性子已經迫在眉睫、一觸即發時，那該怎麼辦呢？我的建議是：

●提醒自己延緩發作，從面臨的情境中尋找別的意義。比如說張三冒犯了李四，李四把張三視為稚子在亂發脾氣，一笑置之。
●當自己性急難耐的時候，要溫和地對自己低語，撫慰自己說：「不要這樣焦灼下去！這對自己的身心有害無益。」
●把憤怒化為詼諧和幽默，可化解自己一時的焦急或憤怒。
●聯想一個愉快的情境，或哼一首能讓自己平靜快樂的曲子，或念幾首能引發神清志逸的詩歌。

急性子的人通常是一個自我中心傾向的人，這樣的人在佛法上稱為受了瞋毒，而克服它的方法就是一個「淨」字。但是在到達淨之前，就必須懂得有容和雅量。佛經上所謂「一燈能除千年暗，一智能滅萬年愚」，一個人要從傲慢的自我中心解脫出來，就必須先學會「忍辱」，學會擴大生活空間。寒山子有一首詩說：

瞋是心中火，
能燒功德林，
欲行菩薩道（醒覺的生活之道），
忍辱護真心。

人必須在忍耐與延緩憤怒中，使自己清淨清醒，從容無礙，日子久了自然能夠處處寬心，天天快活，從急性苦惱轉變為游刃有餘的自在。寒山子另有一首詩說：

歲去換愁年，春來物色鮮，
山花笑淥水，巖岫舞青煙。
蜂蝶自云樂，禽魚更可憐，
朋友情未已，徹曉不能眠！

當一個人能把過去的急性子改正之後，去歲的寒冬愁年就過去了，展現在眼前的是春花處處，一切都是可愛動人的。

排遣厭倦

性急的人似乎一天到晚忙著要把事情辦完，而厭倦的人卻無所事事、意志消沉。根據人文心理學研究發現，現代社會裡感到厭倦的人數已逐日增加，並稱之為時代病，其中又以年輕人居多。據估計，約有百分之三十的青少年明顯地情緒低落，意志消沉，因而造成犯罪和自殺率的增加。

厭倦表現在一個人情緒低落，對周遭事物漠不關心，缺乏努力或奮鬥的目標。長期倦怠和無聊的人，容易對生活的環境不滿，卻又無能為力，即便想要開拓前程，也不知道自己該做些什麼，內心總被空虛和無奈給盤據著。像這樣的青少年人數，不單只有在美國與日俱增，我們的社會也不例外。根據有關的資料顯示，無聊和空虛正是青少年問題的罪魁禍首，他們因為厭倦才吸毒，因為空虛才四處遊蕩，因為意志消沉才無心念書和工作，最後則走向聲色之娛，鋌而走險犯下大錯。

為什麼在這富裕的社會裡，竟會造成厭倦？而以往困苦的農業社會反而促使人兢兢業業呢？依據多年的輔導經驗，可以了解造成厭倦的原因很多，但大致可歸納為以下幾個根本因素：

第一是缺乏自信心。這是一個競爭的社會，而激烈的競爭和挫敗則是一項致命的打擊，容易使人感到無能和信心低落。一個缺乏自信的人，處處在打擊自己的信念和希望，最後則使自己覺得茫茫渺渺，不知何去何從，即使有個憧憬，也是心灰意冷的幻想。在現今這個社會，許多人所遭遇的苦悶，就是缺乏生活的信心。

其次是享受太多。太多的享受使人變得遲鈍，很容易受到厭倦的襲擊，因為我們失掉了在日常生活中動手去做，和積少成多完成自己心願的希望，致使自己變得厭倦。享受越多，欲望愈高，相對的要滿足的欲望也就越難，於是造成了「身在福中不知福」的情況，只會滿懷失望，滿腹失落，厭倦之情油然而生。

最後則是缺乏挑戰。沒有為自己訂下一個明確的目標，害怕吃苦，因此就會失去考驗自己的機會。生活在安穩的環境下，容易讓人產生厭倦；生活在充滿考驗的情境下，自然就會振作精神。據我所知，許多人有了一份固定的工作後，就安逸起來，隨之逐漸厭倦消沉，而必須尋找娛樂來填補空虛的情緒。

厭倦就是佛法上所謂的「無記空」，它會使人恍如枯木死灰一樣，形容憔悴。六祖慧能說：

第一莫著空，

若空心靜坐，
即著無記空。
若百物不思，
常令念絕，
即是法縛即名邊見（錯誤的觀念）。

一個人若絕念了，自然會厭倦，變得了無生機，無異是自毀前程。我們必須記住，佛法所謂的「空」，是空掉不合理的欲望、壞的情緒和不切實際的抱負，空掉一切對現象界的執著。

可是，我們要怎樣排遣厭倦，重新把自己帶到積極勤奮的生活態度上呢？我的建議是：

● 為自己擬定一個目標。樹立一項新的挑戰，擬定切合實際的計畫，努力去實現它，便即刻可以把厭倦趕走。

● 要負起責任。檢討一下自己應對家庭或工作負起什麼責任，然後把這些責任化為實際的行動，訂定時間表，即刻付諸實踐。

- 需要有好的體力。每天要安排時間運動，訓練體能，運動能帶給你精力和樂觀的態度。
- 吃苦帶來快樂。不要怕吃苦，「吃得苦中苦，方為人上人」，能吃苦才能完成工作，而完成工作時的快慰，是令人喜不勝收的。

學習含蓄與厚道

含蓄與厚道，對華人社會而言是耳熟能詳的，大部分人從小時候起，就會接受到含蓄和宅心仁厚的庭訓，因此我們總是把它當作是一種教條。事實上，它是一種完美的心境，是穩定的情緒，豐富的情感，配上深邃智慧的微妙結合。

一個含蓄的人絕對不是假惺惺的，而是一種自然流露的誠摯。他們給予別人自尊的空間，讓對方有機會伸展他的尊嚴，使對方有機會參與交談，共同分享愉快和喜悅。比如說，我們很容易在社交場合遇到一個喋喋不休、自以為萬事通的人，別人還沒有把事情說完，他們就搶著說下去，唯恐別人不知道他懂很多。也許他所說的都很正確，但是他的自我表現已經侵害了別人談話和伸展自尊的機會，同時也切斷了自己吸收新知的管道，破壞了與別人膠融的感情，而更嚴重的是，那會增強他自我中心的態度，因此而惡性循環。

一個人必須要有含蓄的心境，才會虛心向人請教。有一次我應邀到一個朋友家裡做客，飯後主人沏了一壺據說是上好的春茶。那茶清香撲鼻，味甘怡人，大家都讚不絕口，而當主人正要對這壺茶說些什麼時，在座有位客人便開始大談茶經，但我知道他沒有種過茶，也不是茶商，而是一位賣果菜的商人。他在這茶餘飯後的時間，大談茶的種植、烘製、分辨和品嘗，而另一位茶農王老先生，卻總是在談話間補上幾句，使得交談變得生機活現。

他說：「你說得對，春茶特別香，但是種在向陽山坡的茶，是否真的清馨濃郁，那我就不知道了。」於是大家又興高采烈地交談下去，而那位好談茶道的客人更是津津樂道。回家途中，我和王老先生同行，由於我們已經是多年的朋友了，我便問他為什麼不說說自己種茶的經驗。他笑著對我說：「那是宴會，不是製茶討論會，只要說的人高興，我們聽的人也高興。你知道嗎，那些茶就是我拿去的。只要大家盡興，那就是茶道。」

我深深體會到在這個愉快的宴會裡，有兩位深懂含蓄厚道的朋友。一位是主人，他沒有說穿茶的來源；另一位是王老先生，他讓別人伸展自尊。這個宴會讓我不但酒足飯飽，而且也真正地品觸茶道。

其實，一個利口說出「我知道」的人，往往表示他的思想古板少彈性；而能心懷「不知道」者，則表示願意運用想像力，別出心裁地去做事。一個能虛懷若谷、心存含蓄的人，才有機會聽到寶貴的建言和接受新知。

含蓄的人同時具有仁厚的特質，他們不會隨便苛責別人，不以怒容相向，而其仁厚中含藏著穩如磐石的氣質，卻又在無言中綻放著智慧和溫文。一個平庸無學的人，要表現出含蓄和仁厚固然不易，但對於學識才華過人的人來說，要做到含蓄和仁厚那就更難了。正因為這樣，許多天資卓越的人，並沒有得到應有的成功和成就。杜魯門任美國總統時，曾對當時的大學畢業生提出警語：「自以為通曉一切之後所學到的東西，才具有真正的價值。」

「滿招損，謙受益」，這是幾千年來最明智的銘言。一個含蓄的人，不但能享受豐富的友情，對自己也必然是日新又新地在追求新知，正因為這樣，才能掃除成見和自滿，也才能敞開胸懷，瞻望遠景。

最後，我們必須了解，情緒雖然不是智慧，但是情緒卻能左右智慧。神清志爽的情緒，就好像是萬里無雲的藍天，這時智慧就會像太陽一般，大放光明，照遍山河大地。如果情緒惡劣煩躁，則猶如濃雲蔽天，迅風急雷，這時周遭環境變得危機四伏，而智慧之光也就蕩然無存了。

參

信心使你堅毅挺拔

佛法

信為道元功德母，
增長一切諸善法，
除滅一切諸疑惑，
示現開發無上道。

——《華嚴經》

解說

信心是圓滿生活的基礎，
它能引導你實踐善行；
促進心智的成長，
消除心中的疑慮，
使自己堅強而不再消極。
信心將帶你走向
至高的生活目標。

信心是一種人格特質，又是一種平靜穩定的心理現象。有信心的人總是顯得穩健安定，儀態優雅，從容機智；缺乏信心的人，則惶惑畏懼，優柔寡斷。信心是精神生活的舵，它維持我們生活的方向；是生活力的發動器，它使我們強壯有力，無堅不摧。

信心可以克服萬難，化險為夷。更因為它的純淨無雜，心行一致，而產生驚人的力量，一切變得有如「神」助。

一九七四年三月，紐西蘭人包爾和六名伙伴從斐濟群島的維提島出發，共乘一艘長僅四公尺的小艇，到離岸十五公里的馬蹄暗礁旅遊，在萬里無雲的南太平洋上，觀賞五顏六色的珊瑚。下午四時左右啟程返航時，突然起了巨浪，把小艇給打翻了。大家驚恐慌亂，有人主張游回暗礁，有的則說棄船游回維提島，因而爭執不休。這時包爾堅定地說：「最要緊的是我們不要離開船。大家聚在一起還有希望，一旦分開了，就只能靠自己的力量，鯊魚和海浪都會把我們給吞掉的。」

由於包爾的話裡充滿信心，大家接受了他的建議，合力把小艇翻正，只有船艙頂露出水面。這個搖擺的船體，是他們求生的唯一希望。他們共同推著船前進，輪流入艙內休息。他說：「要緊的是大家採取團體行動，保持必能生還的信心。」

沉沒的船由七個人緩緩向前推著，入夜以後大家體力開始不支，又有人嚷著要自行游向海岸逃生。包爾一方面鼓勵大家前進，一方面堅定地駁斥想各憑本事分別逃生的人說：「我們應該同心協力。如果各自逃命，咱們中間必定有人會溺斃。」

伙伴們精疲力竭了。他告訴他們：每當感到疲弱的時候，就儘量想著家庭和佇望你歸去的家人。包爾不斷地鼓舞同伴的信心。同伴中開始有人體力不支，只好到船艙裡，讓別人推著走。他們共同抵禦鯊魚的侵襲，共同與大海纏鬥，經過了十八小時的艱苦奮鬥，才終於游回到岸邊，死裡逃生。

他們的求生力量源自信心。信心就像火種一樣，不斷溫暖著每個人的心，去克服冷酷巨浪的挑戰。佛陀在《法句譬喻經．篤信品》中曾說：

信能渡淵，攝為船師，
精進除苦，慧到彼岸。

士有信行，為聖所譽，
樂無為者，一切縛解。

意思是說：信心能使凡夫渡大海，像船師穩定掌舵一樣，精神振作努力克服萬難，產生光明的智慧抵達彼岸。一個人有了堅定的信心，便能受聖哲所讚美，心懷真純的信仰，一切煩惱自然就能消解。

信心可以鼓舞一個人的生命力，建立好的生活態度，滋長心智力量。它不但是一種美德，同時也是一種發自本性的至誠意志力量。當它發出作用時，就如同「神」的駕臨，引領你，鼓勵你，拯救你。

信心可以從它的對象加以區分為對自己的信心、對人的信心、對真理的信心和對神的信心這四種。這幾種信心使我們在懷疑的時候能產生信念，在沮喪時可以產生希望，在黑暗的地方看得見光明，在窮困處則能產生歡樂。

人生本來就是艱難困苦穿插在喜悅光明的路途景緻上。有信心，我們才有生生不息的努力和成功；有信心，我們才有「明天將是新的一天」的期待和努力；有信心，我們會變得自在豐足，興致勃勃；有信心，我們才會對生命產生熱愛與尊重。然而，信心一定要從自信開始，因為它是洞燭信心的入門檻，是孕育信心的開基。

培養信心

每個人無論志在宗教、藝術、政治、教育、慈善或經濟，都想實現某些目標。有的目標大，有的目標小，有些目標是屬於長程的，有的則是短期近程的。當我們有了目標之後，就會評估自己的能力、個性、體能等各方面的條件，衡量並策劃如何實現目標。自我評估的結果，如果常常否定原訂目標，或認定那些目標是窒礙難行的，就會懷疑自己的能力，失去對自己的信賴。

經常否定自己目標的人，應從兩個方面著手檢討，其一是檢討自己的抱負和動機，認清自己，建立合理的抱負水準（屬於自己的適當目標）；其二是培養自信心，相信自己的潛能，相信自己能辦得到。自信心能夠激勵我們努力奮發，鼓舞內在的動機，產生努力不懈的動能，進而克服萬難。

自信心源自我們的自我觀念，因此不懂得積小勝為大勝的人，就不容易培養良好的信心。信心帶給你成功，成功又回饋給你信心，它像是人類的兩條腿一樣，能讓你行萬里路，洞識宇宙之大機。佛經上所謂「信心之體，必有歡喜之相」，一個被信心給籠罩的人，必然有一種令人信服的態度。他堅毅耐勞，樂觀勤奮，儀態優雅，自尊自信，而更重要的是，他的談吐具有強烈的說服力。

至於要怎樣才能培養自信心呢？第一個有效的方法就是認識並肯定自己的優點。許多人常愛自尋煩惱，老是批評自己的缺點，結果造成自怨自艾，信心崩潰，這樣的人就會面色凝滯無神，生活單調乏味。相反的，有些人不斷地在發掘自己的優點，逐一將它實現出來，就好像寶石專家一般，不斷切磋刮垢磨光，璀璨耀眼的寶石才能顯現出它的光彩。因此，我們要生活在「現在我有什麼」，而不要生活在「現在我沒有什麼」的心態裡，珍惜現有的資糧並予以發揮，這才是生活的真理。

只要仔細想想，你一定可以為自己找到許多優點，然後把它逐一列出來，你或許還會驚訝自己所擁有的優點怎麼會這麼多。英國曾有位十九歲的青年克勞徹，兩條腿都被火車輾斷了，而且家境十分貧窮，但他卻靠著他的優點

——對登山的喜好，而重拾自己的信心。他裝上義肢，登遍瑞士境內的大山，並勸募慈善基金，成為殘障者的楷模。他永不服輸，還攀登阿爾卑斯山的艾格爾峰，用他的義肢蹣跚而行，攀過峭壁，登上三千九百七十公尺的巉巖峰頂，在登山史上贏得不朽之名。一九七一年，他被英國輔導傷殘協會選為最傑出的人物。像克勞徹這樣的人，能朝氣蓬勃地生活的多彩多姿，把生命的意義發揮到極致，無非是他對自己充滿了信心，對自己所擁有的優點做了肯定。

能發覺自己優點的人，就有了信心的酵素；而只要能引發他的信心，便能激勵他積極進取，想做的事沒有做不到的。發現並肯定自己的優點，依本質去生活，就能發揮潛能。一個能發揮特長的人，容易獲得成功，得到豐足感，產生更好的信心。因此，認識自己的優點便是成功的關鍵，它使人的生活態度轉為積極，變得有耐心和毅力。佛經上有一段話說：

三身元我體，
四智本心明；

身智融無礙，

應物任隨形。

這段話告訴我們，自己的本質就是智慧的素材，無論是在進德或修業，都必須從自己的本質出發，如果我們放棄自己的本質，那生活就沒有意義。因此，佛法所謂的覺，就是要每個人發掘自己的優點和本質，去實現那個光明的本體。

有一位青年告訴我，他因為找不到工作而煩惱，甚至經常感到茫然失落和無奈。他想找工作，但無從請託，所以到處落空。我建議他，找工作的關鍵是先考慮自己的優點和興趣，千萬不要考慮哪個行業有利可圖。功利心使人迷失，令人受挫，甚而弄得迷失方向。每一個人都有很好的創造力，但一定要在適合自己的性向時才能有所發展。

一九四七年美國有位農夫寫信告訴愛因斯坦說，他給自己的兒子取名為亞伯特（與愛因斯坦同名），希望愛因斯坦能寫幾句話，作為孩子長大時的座右銘。愛因斯坦給他的答覆是：「真正有價值的東西，並非從野心或只有責任感中產生，而是從對人及事物的愛與熱誠所產生的。」

每個人都必須先對人及事物產生愛與熱誠，而後才會產生堅強的信心與活力，而信心又使自己與周遭世界不致發生疏離。

培養自信心的第二個方法是充實自己。一個人若能不斷吸收新知，學習新的技能，思想就有了代謝作用，在心靈上會有一種成長和富裕的感覺，對事物的觀察自然比較敏銳，做起事來也比較得心應手，能掌握重點，信心隨之增強。信心的反面是一種不安或畏懼，它的真正原因是弄不清楚。比如說你怕黑，那是對黑暗感到不安，因為你弄不清楚黑暗處究竟有什麼。一個肯不斷充實自己的人，就好像有了探照的明燈，能看清自己的四周，知道如何因應，所以便會有充分的信心。

充實自己並不限於知識和技能，更重要的是自己的德性，以及對社會事物的體認和關心。摘下成見的眼鏡，離開自我中心的褊狹意念，則與人對立之心便會驟然剝落，信心很容易就能顯露出來。

一個人能充實自己，就能夠對事態做深入的了解，所以無論做什麼事，我們都應該事先做好充分的準備，不管是蒐集資料、閱讀文獻、仔細觀察或妥做計畫。在我大一的時候，選修了一門叫「應用國語」的課，而任教的則是政大實小前任校長祁致賢教授，他要求我們每個人每隔兩星期便要上台做三分鐘的演講。有一次我請教他，為什麼我準備了好幾天，卻講不到三分鐘。他炯炯有神的目光望著我說：「你還沒有充分懂得準備的道理。準備演講必須確實查閱資料，嚴密的思考和組織，言之有物，論證清楚，上台自然能夠侃侃而談，信心十足。平常要充實自己，判斷取捨自然伶俐，提出的見地自然令人信服。」這段話我一直印象深刻，至今受用。

你一定也曾很驚羨某些人為什麼那般博學，能隨機應變，事業發展蒸蒸日上。事實上，天才是建立在不斷充實自己的條件上。因此只要捫心自問自己究竟讀過幾本名著，訂閱幾本雜誌，看過多少專門的報告，就可以了解自己無法信心十足的原因了。

不斷充實自己，能讓人感到豐富而平靜，所有的懼怕和畏縮一掃而空，代之而起的，則是平靜中的睿智和堅毅的信心。

第三種增進信心的方法就是自我暗示。許多人都有這樣的經驗，自己相信能夠成功，就真的成功了。麥斯默（F. A. Mesmer）是利用暗示法使病人恢復健康意志的第一人，後來佛洛伊德（Sigmund Freud）做了更多的探討，發現幻想的意志很容易化假為真，例如許多病症和心理上的無能感，便是自我暗示的結果。

喪失自信也是消極性自我暗示的結果。一個人如果常常顧影自憐，認為自己不得人緣，被別人瞧不起，慢慢的，他的行為和氣質就會變得孤獨，缺乏自尊和自信，而真的漸漸成為一個落寞的人。相反的，如果你相信自己是幸運的，並且有信心的努力去做，沒有不處處順遂的道理。經常做積極性自我暗示的人，總是春風滿面，處處逢凶化吉，這就是佛法強調正思的道理。

比如你要向老闆建議什麼，就一定要先告訴自己，你的意見是正確的，自然能夠從容有禮地和盤托出。你必須先假定自己比他知道的多，才會有說服力，並建議性地提出你的真知灼見。積極性的自我暗示，就等於在灌溉、豐富自己的心靈；而提醒自己保持信心，就是培養活力和朝氣的秘訣。

我常常跟很多人一起開會，我發現越是有信心的人，越能提出建設性的看法，而越有信心的主席，越能接納和做最好的抉擇。不過要注意的是，自信也有一個限度，如果過度自信，那就會剛愎自用，不能容納別人的意見，這種人往往一意孤行，正像看不清紅綠燈而又愛開快車的卡車司機一樣。

信心可以鼓舞一個人克服萬難，堅忍不拔地完成使命。成功的代價是奮鬥與堅持，但它的背後卻是信心，那是一種高貴的精神力量。美國已逝的著名登山教練恩索（W. Unsoeld），便常常鼓勵學生對著困難說：「你消滅不了我的精神，它像高山，歷經萬古，堅強有力，永遠永遠長青。」

人生的歷程很像登山，攀過一個巉巖，又要克服一個尖峰，所憑藉的就是信心。僧璨大師在《信心銘》中說：

信心不二，
不二信心；
言語道斷，
非去來今。

一個人要有不二的信心，誠摯地發揮自己的優點，根據自己的因緣去實現人生。信心並不是一種抽象的觀念，而是把自己的潛能實現出來，去服務人群，使自己變得公正和平、能關愛別人的實踐性格。這樣的信念就是理性的信念，是突破狹隘自我中心、參透永恆的正信。

勇於信人

人活在世上必須互信互助，這樣不但使我們進步，而且也是心理安定的力量。沒有互信的基礎，我們就一定會癱瘓。孔子說：

人而無信，不知其可也，
大車無輗，小車無軏，
其何以行之哉？

社會若失去互信，就好像車子失去傳動軸一樣，根本就發動不起來。我們發現經濟不景氣的時候，很容易引起恐慌，造成風暴，帶來社會的紊亂，其真正的原因是失去信心。因此，社會是否安定進步，端賴人與人之間、人民與政府之間是否相互信任。

就個人而言，互信就像食物一樣重要。如果我們不信任別人，那就會失去誠懇的態度；而長期帶著假面具，那就會迷失自己。當我們和互相信任的朋友在一起時，自然會感到放心和自在，誠如心理學家佛洛姆（Erich Fromm）所說：「有了信心才有愛。」很明顯的，夫妻之愛建立在互信上，親子之愛也建立在互信，而人民對國家社會的熱愛，也建立在信心上。

人與人相處全靠信任。父母能信任孩子，孩子便會因為得到尊重和適當的寬容與允許，而學會自治；教師因為信任、不懷疑學生，而充滿了教育愛。信任需要勇氣，沒有勇氣的人，往往信不過別人。

勇於信人並不是天真的輕信，因為信任並非建立在虛幻上，而是要用心去發掘別人的長處，才能不遲疑的相信他。愛默生（Raplh Waldo Emerson）曾說：「你信任人，人家才會對你忠實；以偉人的風度待人，別人才會表現出偉人的風度。」

信心是教育的根本，用信心來教育下一代，最能促進他們心智的成長。教育心理學家吉諾特（H. G. Ginott）曾引述一位人士的回憶說：我有一位永遠懷念的老師，他幫助我改變對自己和對世界的看法。他是我六年級的老師班哲明，他與其他老師不同，喜歡和我們相處。有他在，我們就覺得自己是重要人物，而他信任我們，喚起我們的榮譽心和想像力。老師說：「這個世界需要你們的才幹。」他還進一步加強我們的信心說：「社會上有痛苦、疾病和貧窮，你們可以有人溺己溺、人饑己饑的胸懷，為同胞造福，施予援手……。」像這樣的話，到現在仍縈繞在我心中，而且影響了我的一生，使我努力向上。

對下一代的愛，要建立在信任的基礎上；而一個人是否成功，也建立在信任別人的勇氣上。作家懷特曼（Ardis Whitman）曾說：「不信任人，就不能成就事業；不信任人，也不能成為好人。」

對真理的信心

我們生活在現象界裡，有七情六慾，有不停分辨的感官和思考，因此，難免會意氣用事，擺脫不了自己的狹隘意識和自我中心。我們認為是客觀的意見，對別人而言，可能被視為主觀；最善意的施為，別人也可能誤認為是自私的舉措。這是為什麼呢？因為每個人只經驗到現象界的一部分，又脫離不了自己有血有肉的軀體，以及獨特的情感和成見，所以人與人之間難免會存在一些矛盾和誤解，除非他能逃出自己成見的牢籠。

正因為這樣，我們才更需要信賴真理，信賴一種非思考、非分辨的平直，信賴自然與寬容博大的仁慈，信賴無所住而生其心的「空的真諦」。

我們為什麼會自怨自艾？每當遭遇挫折時為什麼會變得脆弱？那是因為我們顧影自憐而忘了為自己打氣。我們為什麼會忿恨敵視？因為我們看到自己損失的一面，而忽略了自己現在還擁有多少。對現象與情慾越是固執，我們就會變得越渺小，變得越自私和短視，因此一個有成就或聞達的人，未必是幸福快樂的；一個兩袖清風的人，也未必就真的與世無爭。心意變化下所說的話，可能只是一種虛幻；滿口的金玉良言，可能只是外表的裝飾，所以人如果不誠心信賴「無為」（純真）的真，一切努力都對人類無益。人類不只要追求並實現善行，更重要的是實踐「無所住而生的善行」，只有這樣，我們才能更接近神性，不會被惡魔所困，才有真正的公理與正義。

檢討目前的文明是否帶給我們幸福，我們會想到人類正面臨著溫室效應和心理頹廢的浩劫；細想物質文明是否帶給我們快樂，我們會發現苦惱的事情比以前更多。憂愁、緊張和焦慮，已成為現代人心理生活的標記，而那都是因為我們缺乏對真理正信的結果。

宗教的信仰

宗教和藝術同為人類超感經驗的來源，其與精神生活息息相關。但對神的信賴，必須建立在純真無為的真理上。宗教給予我們生命完整的軌跡，讓我們從虔誠中，品觸喜悅的信息，從超感的遐思中，接觸宇宙萬物的義諦。我們必須相信，宇宙自然法則的偉大，這個信仰可以透過人類對真理的試探，而肯定它大致不差。

當然，你不可能因對神表示什麼而能發生作用，但若能實踐友愛和慈悲的真理，就能感受與天地同參，而融合在與宇宙一體的自在和喜悅裡。宗教給我們一種鼓勵，是生命意義的鼓舞；它給我們的啟示，是生活上逍遙優游的泉源。

但是，每一個人對宗教的觀感和需求是不一樣的。有的人天天祈求神恩的降臨，奇蹟終於出現，神真的給他力量，改造了他的命運，這種所謂見證，真的是不勝枚舉。但我們必須明瞭，所謂神恩，絕對不是神直接改造人的境遇，而是透過人的性靈，在智慧的啟示上，改變了人。

正因為如此，一種好的宗教信仰，提供了良好的契機，它引領人們走到真正的恩寵裡。《楞嚴經・念佛圓通章》說：

若眾生心憶佛念佛，
現前當來，必定見佛，去佛不遠。
不假方便，自得心開，
如染香人，身有香氣，
此則名曰香光莊嚴。

虔誠念佛（醒覺），必然得到福報。因為在信、願、行的修行過程當中，自己引導自己走向純真與簡樸，而內在無染的智慧，改變了我們的態度，也改變了命運。

有宗教信仰的人，他的生活便會有一個定則，同時也有穩定的信心，因為他永遠跟神在一起，神給他智慧和啟發，給他安慰和寬容。但是，這必須奠基於「正信」，而不是迷信。

信心是我們的本性之一，打從內在發出的自信，到對宇宙真理的信賴，都是維繫我們生活的力量。有了它，我們才能堅毅挺拔，百折不撓。我們需要它，正如我們需要食物一樣，因為它讓我們優游成功地過生活。

肆
蓬勃的朝氣與活力

佛法

我以執身，
身得自在。
次第執心，
心得通達。
然後身心一切通力，
斯為第一。

——《楞嚴經》

解說

我努力鍛鍊行為舉止，
從而獲得舒泰與自在感。
接著陶冶修養心性，
於是開朗通達。
身心調和，
恢復本有的朝氣和活力，
這就是修道的極致。

每個人天生都有活力，但是如果不加以培養，就會漸漸消沉。沒有一個人可能坐待活力出現，因為活力是在歷練中滋長開來的，就像院子裡的小花，必須經過陽光的孵育，雨露的洗禮，和漫漫長夜的磨鍊，才能綻開出美麗的花朵。因此，沒有飽嘗過憂與喜的人，不會有強健的活力；未曾從失望中尋求希望的人，體會不了什麼叫做活力。美國作家薩頓（May Sarton）說得好：「讓我們成為心靈上永遠抱有希望的園丁。我們知道，沒有黑暗，什麼也不能成長；沒有光明，什麼花也不會開。」

活力就在光明與黑暗的交揉中，慢慢的培養出來，漸漸的茁壯，使生活變得能夠自我控制。它能孕育豪邁之氣，解脫原先「自我中心」意識的繭，發揮驚人的創造力和生命力。

一般來說，最會影響活力的，是我們的心情。每個人的心境，都會隨著自己時順時逆的境遇而變化，這個時好時壞的心情，就是影響生活的根源。我們可以說：善於在順逆參半的生活中努力發掘並培養好的心境的人，就會變得生龍活虎，百折不撓；而如果老是在惡劣的心境裡打轉，就會變得消沉且自暴自棄。

順境與逆境，成功與失敗，都足以培育我們的活力。活力一旦培育起來，就能轉弱為強，一切都變得成功美好。佛法所謂「無是非善惡」，「不二法門」，就是提醒我們：從成功中發掘生命的活力，與在失敗中培養生命力，並沒有什麼不同。生命的本質就是活力，有了它就是光明，就是智慧，就有愛人愛己的能力；相對的，喪失它就是黑暗，就是無明與地獄。然而，問題的癥結是：怎麼從順逆中培養活力呢？答案非常明顯──醒覺。

禪宗有一則美妙的故事說，瑞巖禪師每天都要叫喚自己為「主人公」，然後自己應聲。有人不解地問他為什麼要這樣做，他說是為了避免迷失自己。可見，生活之道除了培養「正覺」之外，還要避免自我迷失。我們可以從以下這幾個方法來培養活力：

- 體驗超然的喜悅，使自己的性靈得到鼓舞和滋潤；涵冶曠達情懷，激發樂觀與活力。
- 生活一定要有銳氣，才能克服萬難，振作不衰。
- 努力從憂鬱和患得患失的心情中解脫出來，活力自會湧現。

● 確定生活的目標，不斷努力，使自己充實煥發。
● 有信心和希望自己能做得更好，便能起勁地努力和工作。

超然的體驗

每個人都曾有過意興闌珊的經驗，這種心理反應不但帶給你茫然若失，也使你無精打采，缺乏工作或讀書的勁兒。這種消沉的心情有些人會週期性地出現，有些人則在長期工作之後，因為精神疲勞而引起，這時心理學家通常會建議我們：把工作暫時放下，休假幾天，四處去遊山玩水或尋幽訪勝。如果你遵照這個方法去做，很快又可以恢復活力，再度充滿衝勁的投入工作。為什麼呢？因為當你萬緣放下時，便可以從工作的疲勞與負擔中超脫出來。把匆忙與急躁拋開，或到湖濱戲水，或登高望遠，或入森林欣賞翠綠山光，傾聽鳥兒絕妙的歌聲，讓眼、耳、鼻、舌、身、意淨化，獲得充分的超然經驗，讓自己的情感、思想、體力、情緒都得到滋潤和復甦，再度恢復本有的活力與朝氣。

超然經驗真有這種效果嗎？確實有，你現在就可以做個試驗。首先，把工作放下來，也把心裡的牽掛拋開，然後走到戶外，定睛看看遠處，你會在晴朗的天空裡看到悠閒的白雲。把自己當作是雲，遨遊俯覽如織的大地，頓時感受到海闊天空，欣喜不盡。如果正好是個雨天，那你可以靜靜聆聽雨聲，欣賞滴答聲的清脆，專注雨水掉落在地上的串串珠玉，霎時你會渾然忘我。或者你也可以到院子裡看看栽植的花木，仔細地端詳，你會陶醉神往，玩味在枝椏的蒼勁，和剛柔並濟的線條美感中。這些片刻的清淨感受，會使你驟然忘懷一切，感受到超覺的悠然滋味。陶淵明所謂「採菊東籬下，悠然見南山」，正涵藏著超然的清妙。

超然給我們的感受是清馨的，是喜悅的。因此它能帶給我們活力，使我們的心智綻放光明。懷特曼說：「超然經驗照耀人生，使我們更富有愛心，更充滿活力，更加快樂，更有同情心，對別人的體驗更為敏感。它給予我們生命無窮的意義，引發再生的奇蹟，創造自我之無窮歷程，這正是人生所最需要的。」

在中國禪師的眼裡，超然也是很重要的心靈訓練。一位學生問常察禪師養心之法，他說：

千峰連嶽秀，
萬嶂不知春；
孤巖倚石坐，
不下白雲心。

這首詩顯然是說，用超然統覺，而不墜入匆忙與急躁，才是養心之要。因為能這樣修養自己的人，才不致被虛榮與冷酷、憤恨與嫉妒，以及過度的野心所包圍，才能真正引發自性中的仁愛襟懷，使人生變得「葉葉連枝秀，華開處處芳」。

超然的體驗確能溫暖人心，培養愉快的情趣，從而激發上進努力的心智。然而，怎麼去體驗這種心靈中獨一無二的絕妙經驗呢？我想有幾個重要原則可以遵行。

首先，你的心胸應隨時保持敞開。因為我們人生中的每件事、每個工作、每一次的人際關係，都含有令人超然神往、引發欣賞讚美的一面。比如說，你的孩子平時表現得頑皮喧鬧，可是當他們在室內投球而打破玻璃時，你若能以敞開的心靈去體察，去觀看和傾聽他們的語言和表情，瞬間，你會被天真無邪的驚訝所感動，又會被他純潔求饒的眼神所吸引，這時你就不會動怒痛罵，代之而起的則是心平氣和的態度。敞開心靈，你就會品味到「雲破月來」的美，也會觸及「落霞與孤鶩齊飛」的微妙，當然，你也能體會到人與人之間真情流露的溫柔詩篇。

其次，要戒除匆忙與急躁。匆忙的人沒有時間看到事物精湛美麗的一面，更不可能有僻靜安謐的心境去沉思，因為他已喪失生活中可供激賞及振奮人心的原料。同樣的，一個急躁的人也不可能有赤子一般的好奇心。我們不得不承認，人類的發明是建立在好奇上，而偉大的真知灼見，也是在驚奇和沉思中，透過超然的體驗孕育而成的。你走入花園，安安靜靜的審視綻放中的幾朵小花，配上亮麗的葉子，在微風中葳蕤搖颺，這種情境不但能引發你的讚嘆，也能啟迪你的思想綻放新葉。

再次，要專心投注於生活，並以積極參與和服務的方式，優游於多彩多姿的人生灘瀨，便能發現生命海洋中的悅妙，領會到參贊造化的完美，而怡然任運。這時虛榮與冷酷、憤恨與嫉妒自然剝落，所體會到的就是古人所謂：「薰風自南來，殿閣生微涼」的清心境界。

最後，我們要注意宗教與藝術是超感經驗的來源。當祈禱的詩篇與莊嚴聖潔的彫繪，生動地展現在你的眼前時，也必然體會到那種與神同在的喜悅。當你為一些俗務而想不開時，如果能靜聽松林古寺的鐘聲和木魚，也能把憂愁融化，與無垠的宇宙合而為一，進而得到輕快與舒暢。

超然的經驗帶著我們穿透色相的蒙蔽，使我們在剎那間看透真實的本體，使你產生不可言喻的感受，而使生活妙悅動人。也許那就是佛家所謂的悟境吧！它一定是言語難以表達的內在經驗，要不然怎麼會說：「不可說，不可說！」呢。

銳氣使你振作

過慣了優裕的生活，便需要一點銳氣，才不致因安逸而墮落。碰上倒運的時候，更需要銳氣，才不會方寸大亂，喪失鬥志，坐待霉運來擊垮你。

銳氣，如果就行為的表現來看，其特質是堅毅、樂觀和不屈不撓。這些特質是從哪裡來的呢？我們可以肯定，那一定與動機有關。一個人如果缺乏動機，沒有明確的目標，必然會變得消極，變得懦弱，或者不堪一擊。

一九八二年我參觀美國俄亥俄州的一個郡會。那是一個農業地區，因此以農產品及農業活動展示為主，展覽及活動場所約三、四公頃，場面很大，各項農牧產品、育種技術、農業機械等均陳列展覽，應有盡有，琳瑯滿目，其中有許多農產品是我一生從未見過的，非常吸引人。當時，陪我們參觀展示會的是該地農業學校的校長，他還特地帶我們去參加一項投馬蹄鐵的遊戲。這項活動很簡單，在空地裡豎起幾根鐵棒，然後在十公尺外畫一條白線，比賽的人用馬蹄鐵往鐵棒甩過去，看誰能把馬蹄鐵套在鐵棒上，拋中越多的人就是贏家。我也花了一塊美金，買了幾個丟丟看，結果一個也沒丟中，後來又買了幾個，勉強丟中一、兩個。

這時候，有一位身材高大的老外，手裡拿著幾個馬蹄鐵走了過來，對我點點頭說，如果我有興趣，他願意教我。沒想到在他的指導下，我居然大有進步，於是他邀我跟他一起比賽。雖然我的臂力不如他，但成績相差不多，他笑說：「我想你是一個成就動機很強的人。」我問他何以見得，他告訴我：「哈佛大學曾經研究過成就動機，像這種投馬蹄鐵的遊戲，就是他們測量動機的方法之一。如果一個人投過幾回，初嘗敗績後就覺得厭倦而想放棄，表示他的成就動機較低；如果屢敗屢試，努力提高自己的成績，其成就動機就比較高。經過他們的研究和追蹤，成就動機高的人，後來事業的發展也比較好，比較有工作的銳氣。」

之後我又看了幾篇有關成就動機的研究，歸納出振作自己的要領包括：

- 採取漸進。凡事一步一步來，積小勝為大勝，既可鼓舞自己，又能建立信心。
- 尋找益友。如果你周圍都是積極的人，自己也會受到鼓舞而積極起來。
- 建立信心。要想像自己就是成功、有責任心、能克服困難的人。把自己想像成什麼，自己就會成為什麼。
- 鼓勵自己。每一個人都需要鼓勵，而最好的鼓勵來自於自己。當你面臨挑戰時，不妨輕聲地對自己說：「我相信你一定辦得到！」

懂得鼓勵自己，就能在種種生活挑戰中，保持源源不絕的活力。能善加安排，享受成功的回饋的人，必然是很有銳氣的人。佛教史上的百丈禪師就是一個很有銳氣的人，他活到九十四歲，仍然和一般人一樣到田裡賣力工作，他的學生勸他不要再工作了，他卻屢勸不聽；學生們把工具收起來，他便拒絕吃飯。最後百丈禪師還是到田裡工作，但他不是沒有飯吃，相反的，他有很多學生可以服侍他，那他為什麼還要工作呢？答案很明顯：人活著就得要有活力，而沒有堅持去工作的銳氣，就會失去活力！

化憂鬱為力量

我常有機會聽人訴苦，而這些訴苦者的共同現象是：憂鬱。它像是慢性中毒一樣，不斷地破壞一個人的朝氣和幸福。

憂鬱的原因每個人不一樣，甲可能為了愛情而不安，乙則為婚姻而憂心，丙為了事業或前途而苦惱，丁可能為了失業或不能發揮潛能而徬徨。這些原因有時還會轉移，造成脾氣暴躁、吵鬧咒罵，甚至導致身心方面的疾病。這些憂鬱的人固然煩惱的原因各異，但內心卻有一種相同的心態：無助、沮喪和缺乏生活的目標。

有一位青年告訴我，他總是心裡不安，悶悶不樂的。經過一番交談後，他很靦腆地告訴我，他很擔心女朋友會移情別戀。但是他又說，女朋友對他很好。我發現這位青年憂鬱的原因，不只是對愛情的不安全感，更重要的是他不喜歡自己的工作，卻又不曉得什麼工作是他能夠做的，因此他總有一種悲觀的想法，認為自己會失業，最後女朋友也會離開他。

試想，如果一個人的心中老是被壞念頭籠罩著，那怎麼快活得起來，當然是痛苦不堪的。正因為如此，所以我們必須懂得清除心中邪惡的念頭，將它揚棄，重建春陽高照、充滿信心的心情和胸襟。慧能大師認為，每一個人都應該懂得懺悔之道，因為把壞念頭懺悔了之後，好的兆頭自然湧現。他說：

前念、今念、後念，

念念不被愚迷染，

從前所有惡業愚迷等罪，

悉皆懺悔。

願一時消滅，永不復起。

每一個人都應該在晨起晚睡前，清清自己的心念，將心中的壞念頭一次掃清，而後確立堂堂正正的「弘願」，實現光明的人生。這就是學佛的人為何要早晚點燈供香的原因了。點燃光明的燈，象徵照破心中的雜念疑雲；供奉一炷清香，表示增長光明的正念，內薰心中的堂殿。

人免不了會有不安、挫折或滿腔委屈的時候，這時一定要把它淨化掉，莫讓它成為怨恨和沮喪。怎麼樣才能夠加以淨化呢？有兩種方法：傾訴和哭。所謂傾訴，就是跟朋友盡情的訴說心中的憂憤，而更好的方法則是找心理諮商專家，藉著專門的知識和技巧，來幫助你把心中的委屈和盤托出，這樣會使自己有如釋重負的感受，情緒自然安靜。洞山有一首詩說：

洗淨濃妝為阿誰，
子規聲裡勸人歸，
百花落盡啼無盡，
更向亂峰深處啼。

這首詩正隱含著一個重要的心理學原則：要不斷的洗淨自己的動機、情感和情緒，這樣才能找到真正的自我。

另一種淨化的方式是哭。哭是大家共有的情緒表現，當我們悲傷的時候，哭的淚水會洗淨心中的緊張和悲痛。所以，如果予以抑制，哭不出來，時間久了，就會造成身心上的毛病。狄更斯（Charles Dickens）說：「我們不必為流淚而羞慚，因為眼淚是落在我們心靈塵土上的及時雨。」因此，自古以來文學家們常對哭加以讚美，或用它來點綴人性的純真。其中李白所寫的一首詩〈怨情〉，也許是最為美妙的：

美人捲珠簾，

深坐蹙蛾眉。
但見淚痕濕，
不知心恨誰？

哭能促進心理健康，解除心中的鬱悶和不快。心理學家發現：女人比男人哭得多，有生理上和心理上的原因。在生理上，女人有不同的荷爾蒙分泌，使她們比較愛哭；在心理上，女人和小孩一向親近，因此必須運用許多情感和表情的暗示，使幼兒能了解她們的意思。反過來看，男人卻不得不矜持，因為他們從前身為獵人和戰士，必須保持冷靜，因此是哭不得的，而今天的男人也是一樣。傳統上，男人不論內心感受如何，都是不習慣痛哭的，而這種內在壓力，也是許多男人死於高血壓和冠狀性動脈血栓症的一個因素。

哭泣有兩種原因，一種是源自哀傷和自憐，另一種則是喜極而泣。當我們心情有很大的悲哀或歡樂波濤時，想哭並不是壞事，相反的，它是一種保持真正寧靜的方法之一。有一次，百丈被他的老師馬祖扭了鼻子，百丈卻因此而有所悟，回到宿舍大聲哭泣。朋友們問他為什麼哭，百丈說，是因為被老師扭得很痛。朋友們就去問馬祖，馬祖告訴他們，還是去問問他自己吧。等他們回來看百丈時，百丈卻哈哈的笑。朋友們很好奇的問：

「你以前哭，現在又為什麼笑？」

百丈說：

「我就是以前哭，現在笑。」

這段小故事顯然是在說，哭與笑就是人類純淨情感的表達，同時也是淨化自己的自然稟賦，沒什麼好大驚小怪的。哭與笑一樣，必須出於自然。古人說：「樂而後笑，人不厭其笑。」哭又何嘗不是一樣呢？因此，就另一方面來講，以哭作為操縱或詐使的工具，那哭也就變得俗不可耐了。

傾訴和哭都是清洗心中積鬱的清泉，它就像是長夏中帶給你清涼的甘霖，或是融化嚴冬冰凍的一陣春雨。

需要明確的目標

生活需要有個目標，因為目標可以賦予我們生活的意義和活力，使我們能生活在希望中，孜孜不倦的做一番事業。

人一旦有了明確的目的，就會產生勇氣與希望，使自己的身心振作起來。在心理方面，它會產生動機、毅力、求知和設法解決問題的動力。任何一位科學家都承認，成就是朝著目標鍥而不捨所帶來的發現與結果。心理學家弗蘭克曾說：「懂得為何而活的人，幾乎任何痛苦都可以忍受。」這真是一句至理名言。我們在任何時候都應該給自己一個活下去的目標，這樣才能忍受任何煎熬。一個看不出自己生命意義和目標的人，就會活得沒有活力，那是最悲慘不過的了。

明確的目標必須根據自己的本質來發現。別人也許可以協助你去發現它，但絕不可能越俎代庖，替你預設人生目標。別人為你安排的目標，畢竟不是你所要的。那什麼是自己的目標呢？我想有幾個條件，可作為衡量的標準：

- 目標必須能與自己的能力、興趣和個性相配合。
- 目標必須是自己認為有意義、有價值的。
- 目標本身必須由近而遠，步步為營。

目標背後的動機必須純正。

根據上列標準來決定目標，你自然容易接受，也就能發動信心努力去幹，自然會邁向成功的坦途，活力也就能源源不絕的表現出來。

有了目標，就得擬定達到目標的時程，認真去執行。最好把時間表告訴你的家人或朋友，比如說：「我預定在大學畢業後二年內通過律師考試」，或者「要在五年之內完成博士學位」等等。一個人懂得把自己的目標分享給親朋好友，那種追求成功的熾熱企望，將會提醒自己百尺竿頭，刻意以求，因而促使自己日以繼夜的苦幹。

要實現自己的目標，坐而言是不夠的，必須在確定目標之後，即刻付諸行動。一定要努力、冒險、犧牲、忍受挫折，時時抱著精誠所至、金石為開的精神，認真的去做，並給自己充分的鼓勵，而不能偷懶或心不在焉。美國文學家愛默生說：「要實踐人生，就必須全力以赴，從不停頓，從不休息，且要精益求精，務臻至善。」

另外，關於實現目標，有一點必須牢牢記住：要看重自己的目標，要尊重自己純正的理想。因為只有看重自己、能自我期許的人，才會挺起胸膛，昂首闊步，有堅強的毅力和朝氣。

而一個好的目標，就像一個最好的聚光鏡一樣，可以把你身上的天賦能力集合在一起，點燃你的智慧，使生活大放光明。

活力是每一個人必須要有的，以上所介紹的幾種培養活力和朝氣的方法，如果你稍加注意去實踐，即可改變自己的心情和態度，讓你活得更加光明起勁。

伍

精進的生活態度

佛法

若勤精進則事無難者，
是故汝等當勤精進，
譬如小水，長流則能穿石。
若行者之心數數懈廢，
譬如鑽火，未熱而息，
欲得火，火難可得。

——《八大人覺經》

解說

凡事積極努力必無困難，
因此你應當積極努力，
就像水滴石穿一樣必能成功。
千萬不要消極懈怠，
就像鑽木取火時，
若做了一半就停下來休息，
那永遠也鑽不出火來。

生活在這個工業化的社會，如果不是堅忍且不斷的努力，那麼坎坷和失意便會擊垮你、俘虜你，奪去你的希望，使你的生活消沉、怯弱而沒有生機，讓你一事無成地抱憾終生。但如果你堅毅精進，不斷接受新的挑戰，生活便會逐漸改觀，活力會像噴泉般源源不絕，順利地完成你的目標和責任。

這就是釋迦牟尼所謂的「精進」。

精進是與生俱來的一種特質，每個人心中都具有這種驚人的潛能，問題是當你處在困難和逆境時，是否能應用自己的遭遇，去淬礪這種精神力量，而使自己脫穎而出。《六祖壇經》上說：

煩惱即菩提。

煩惱即是智慧的根源。當一個人能從失敗和困頓中培育出堅忍的性情時，才算是懂得生活之道；而堅忍和精進的力量，也唯有在挫敗中才培養得出。我們不妨稱堅忍和精進為生活的韌性，有了它才有耐力接受打擊和潰敗，才有持續不懈的動能，才有思考創造的時間和空間。

二十世紀法國知名印象派畫家雷諾瓦（Auguste Renoir），就是一個努力不懈、堅忍不拔的典型人物。尤其是在一九一五年以後，他開始癱瘓，情況愈來愈嚴重，而不得不靠輪椅代步；不久，連坐輪椅都有困難，已經需要他人特別的幫助。處此情境，對於一般人而言，可能從此消沉、鬱抑臥榻，最後抱憾終生。但雷諾瓦不同，他仍然生活得兢兢業業，癱瘓得越厲害，疼痛越是逼人，他的創作越發蓬勃起來。

他把畫布紮在轉動的布架上，這樣身體雖然不能動，也能創作巨幅畫。他的風癱很嚴重，經常痛苦萬分，嚴重時連伸手去蘸松節油，都必須停頓才能縮手回來。但是在這樣的困境下，他還是不斷地創作，目前收藏在羅浮宮博物館的那幀《浴女圖》，就是雷諾瓦在堅忍精進下，與癱瘓搏鬥所畫出的作品，許多人認為這幅畫是他生平的傑作之一。

他的堅韌和精進，在畫布上以絢爛美感的色澤，繪出輝煌奪目、充滿青春健康的人物和綺麗的花卉。畫中洋溢著美妙晶瑩的清韻，帶給人們賞心悅目的瑰寶，在世人靈魂的血液中，注入美的靈糧。我們不免要由衷讚嘆他的偉大風範。

雷諾瓦的作家兒子，對他父親堅毅精進的最後一幕寫道：「他多方面的才華，在最後的遺作裡，表現得最為明顯。那天我離家到尼斯去，父親因患肺炎而待在臥室裡。他請人把畫具送進房間，便對著一瓶秋海棠寫生，花是在花圃裡現採的。他一連畫了幾個鐘頭，心神完全貫注在秋海棠上，忘了身體的疼痛。最後他做了個手勢，叫人把畫筆接了過去，此時僕人老露易絲聽見他說：『我想我現在畢竟稍微明白繪畫的訣竅了。』那天晚上他便與世長辭了。」只有懂得堅忍精進的人，才能忘懷周遭的逆境，不斷地努力，讓自己在不懈怠的工作中，從有限裡解脫出來，而與宇宙無盡的力量相融匯。

精進是一種心能，必須自己發心去引導它，才會像活泉般湧現出來。佛經上說：

萬法唯心。

如果一個人的思想、情緒和情感，被外在的失敗攫住了，自己就會變成被外在環境所控制的凡夫；或者更恰當的說，自己很快就成為周遭環境的依變數，而隨波逐流。相反的，如果你能掙脫失敗的控制，不被失敗和氣餒所支配，聽得到自己內在寧靜理智的心聲，那麼堅忍和毅力便會油然而生，轉敗為勝，化弱為強。

宗教家皮爾（Norman V. Peale）說：「如果你覺得生活特別艱難，就要老老實實地自省一番，看看毛病出在哪裡。我們通常最容易把自己遭受的困難歸咎給別人，或諉稱是無法抗拒的力量。但事實上，你的問題並非是你所不能控制的，其解決之道正是你自己。」如果一個人常常有消極或無能為力的感覺，就會使自己一蹶不振，這時最能幫助你的就是自己：改變你自己的失敗心態，換上積極精進的思想，自然會再度站立起來。

唐朝有一位大禪師法眼文益，最提倡堅忍與實踐。有一次一位學生問他：

「什麼才是人生的道？」

法眼直截了當地告訴他說：

「一願也教你行，二願也教你行。」

每個人的心裡，都有一股想實現什麼的力量，只要不壓制它，便會很自然地流露出來，振奮而有所作為。因此，當我們遭遇困難時，一定要把內在的精進力量發揮出來。然而，要怎樣才能發揮出精進的力量呢？以下幾點是很重要的方法：

- 學習忘懷之道。讓不愉快的事失去支配你的力量，從而把愉快的活力引發出來，化為精進的力量。
- 培養豪邁的氣度。發揮大雄大力的積極生活態度。
- 審思檢討。做到避免錯誤，勇於改進。
- 發現工作的價值。享受工作，不斷地工作。

學習忘懷之道

每個人本來都具有充沛的活力，但由於某些心理壓力，如失敗、挫折和緊張等，漸漸形成情緒問題，有時反應暴躁，有時反應憂鬱，導致心灰意懶，半途而廢。為了避免半途而廢，培養精進向上的生活態度，就一定要學會忘懷之道，因此忘懷可使我們真正放下心中的煩惱和不平衡的情緒。讓我們在失意之餘，有機會喘一口氣，恢復原有精進的心智。

柏格遜（H. Bergson）說：「腦子的作用不是幫助我們記憶，而是幫助我們忘懷。」他的本意無非在提醒世人，應時時刻刻對多愁善感的情緒加以清理，把惱人的往事放在一邊，不要讓自己被種種紛擾所困，而要讓愉快的心情時時陪伴自己。只有這樣，才能有好的精神和體力去生活，去工作。

雖然說要把慘痛的往事忘懷，並不是件容易的事，但是如果你不忘懷它，便會被它給腐蝕，而變得憎恨和怨懟，甚至會導致精神崩潰，陷自己於瘋狂的境地。慧能大師說：

汝若欲知心要，
但一切善惡都莫思量，
自然得入清淨心體，
湛然常寂，
妙用恆沙。

人不但要忘懷不愉快的往事，也要放下沾沾自喜、自鳴得意的情緒，因為那些情緒往往會使我們陷於虛妄。當我們忘懷了它，真正的活力妙用才會顯現出來。從心理學的觀點來看，無論你惦記的是快樂的往事或悲愁憎恨，長期生活在過去的記憶世界裡，就會與現實生活脫節，嚴重威脅心理健康和心智的發展。

忘懷是忙碌生活的樹蔭，它讓我們在燥熱疲倦時，有機會休息，讓活力恢復過來。然而，要怎樣才能忘懷過去呢？只有一個方法：放下。哲學家康德（Immanuel Kant）就是一個懂得忘懷之道的人。有一天他發現他最信任又依靠的僕人蘭佩，一直有計畫地偷盜他的財物時，便把他給辭退了，但之後康德卻非常懷念他，於是在日記上寫下悲傷的一行：「記住！要忘掉蘭佩！」

然而不可否認的，要一個人忘掉傷心的往事並不那麼容易，不過我們至少可以在回憶浮現時，懂得不陷入悲不自勝的情緒裡，以提防自己再度陷於憤恨、恐懼和無助的哀愁中。這時，最好的方法就是扭轉念頭去專心工作，計畫未來，或者做一些運動或旅行。

學習忘懷，讓憤恨的往事放下，日子久了，激動的情緒便會越來越少，心靈和精神的活力就可以再生，恢復原有的喜悅和自在。

有時，我們的悲傷和內疚是因為自己做錯事所引起的，這時可以用補償的方法來幫助忘懷，例如以誠意的道歉或其他方法來補救，使自己的良心恢復安寧。

當不愉快的記憶如影隨形，弄得自己焦躁不安時，你不妨採用心理學上所謂的減敏感法，讓自己轉個心念，去想想輕鬆愉快或有趣的經歷。這種用愉快經驗代替現有的悲愁情緒，或以成功的喜悅代替失敗落魄的心情，的確能幫助我們忘懷惱人的不愉快。

一個人若能忘懷心中的不得志、憂鬱、怨恨等消極性情緒，不愉快的心情自然漸漸消失，代之而起的則是朝氣蓬勃的新生，精進和勤奮將再度發出耀眼的光輝。

培養豪邁之氣

只要你留心注意，便可發現中國佛寺的正殿，常懸掛著一個橫匾，上面寫著「大雄寶殿」四個字，這幾個字無非在提醒世人，要做一個豪邁灑脫的人，把自己內在的本真和潛能冶煉出來，成就大雄大力的性格。經得起驚濤駭浪的衝擊，在無常的人世激流裡，才不致迷失；在價值觀念分歧、物慾高漲的時代，才不致淹沒了自己的靈魂。

豪邁是一個人能不受名利所累，而用真心去生活的特質。因為豪邁的人無取悅別人之心，故能自由的下判斷；無占有的欲念，所以沒有得失的負擔。正因為心靈得到自由，又沒有什麼累贅和負擔，才保持了清新的思考和精進的態度。

一般來說，讓我們豪邁不起來的原因，不外乎是戴著複雜沉重的面具。比如說我們太注重虛榮，以致對穿著、居住和日常用品過分講究，結果總是費盡心思卻又悶悶不樂，耗盡心力卻反而使我們無暇接觸真理，虛擲光陰而不能認真工作。最後，假惺惺的面具變成了一條條堅韌的繩索，把自己綑綁得像一個囚犯，失去了天真的活力，這樣對於生活和事業當然都沒有好處。

一個人若是占有和欲求越多，就好像是為自己建一個堅硬的外殼，日子久了，那反而成為自己一項沉重的累贅和負擔，它不但隔離了人與大自然本來就存在的寧靜和安全感，也使人們為它疲於奔命。我想這就是為什麼佛教經典裡，常告訴我們要過簡樸生活的原因了。

一個懂得放下虛榮和占有意念的人，他的生活是簡樸的，心智也是清醒聰慧的。那時，任憑你從商從政，是教師還是工人，時時刻刻都能接觸現實與真理，清楚地朝著自己的目標精進勤奮。在經濟不景氣時，有些企業面臨無情的衝擊，財務周轉發生困難，這時如果經營者有了占有的心態，就會趁早收攤，然後捲款逃往國外。這裡我們先且不談道德問題，光是喪失自己的豪邁之氣，就會使他赤貧得一世不安，因為這種心理上的赤貧感，將導致生命活力的潰敗。

要培養豪邁之氣，就一定要從得失、虛榮和狹隘的偏見中解脫出來，之後才會有一股隨之而來的積極心志，那就是走向成功的動力。

省悟中脫胎換骨

在我們的教育體系下，每個人從小就接受反省與檢討的觀念，但是一般人對它似乎所知不多，真正能精於省思和檢討的人則不多見，其主要原因是，我們對反省的意義和心理過程並不十分了解。

反省是一種心理的反芻與回饋，它並不限於對工作或事業的檢查和行為的檢討，而是包括內在思想與情感的更新與復甦。一個人至少必須要懂得檢討過去、策勵將來，但是只檢討過去的失誤，未必就能淬礪奮發，因為把檢討付諸實行的，是一個人的心理跟態度。最近，所謂檢討會和評鑑的觀念，在各行業都很普遍地流行起來，但從中獲得日新又新的實質效果者，卻相當有限。根據我的觀察：反省與檢討如果僅僅限於事情的表象，那麼檢討的結論即使一針見血，也只是靜態和消極的，它的效果相當有限，有時甚至會造成頹廢的懊惱或諉過的逃避心態。唯有從內心做一次省思和洗滌，揚棄自我成見和得失，從而建立明確的目標，才能培養生龍活虎般的意志，去實現新的目標和理想。

反省必須單獨一個人以冷靜的方式行之。首先，找一個能使你心胸開闊、心平氣和的地方。你可以選擇海濱、青翠的山林幽谷，或者僻靜的郊外，用一整天的時間在那兒徜徉休憩，不要看書，不要跟別人談話，不要聽廣播，只要一味的接近大自然，投入、聆聽自然的開朗恬淡，等著大自然洗淨你的積鬱，帶走你的煩惱，便可以開始做省悟的工夫。省悟分三個階段來進行：

- 回想你快樂的童年或溫暖帶勁的過往，重溫那段喜悅的日子。注意，每個人都有過美好的記憶，從那段美好的日子裡，一定可以尋找出充滿活力的因素。
- 檢討讓現在消沉失落的原因。要從自己的動機去檢討，揚棄不當的、虛榮的、貪婪的意念，讓剛剛從記憶中找到的活力，去激發你新的純正動機。
- 把你的動機化為實踐的計畫。訂出目標、步驟和時程，並且要即刻實行。

內省可以改變一個人的命運和機緣，它在任何人身上，都會起大作用的。因為內省所帶來的，不只是智慧，而是日以繼夜的精進態度。內省之後，不受虛妄矇騙，而能流露真正的心志力量（本性），這時無論你做什麼，都會獲得成功。佛經上說：

念念無滯，
常見本性真實妙用。

在《六祖壇經》中有一段很精闢的記述，大意是說：常見本性真實妙用就是功德。功是一種內心自省的本性，它是謙遜的、有創造性的（自性建立萬法），沒有任何虛妄，德是由功所孕育而發於外的種種實踐與善行。正因為反省的過程中，使我們接觸並發現了所謂「自性功德」，所以能恢復精進的生活態度與幹勁。

痛改前非

你相信一個雞鳴狗盜之徒，也能因自省而改變一生，成為傳奇偉人嗎？紐西蘭作家李約翰（John A. Lee）就是這個例子。

一九〇五年，紐西蘭丹尼丁法院，以賊性難改的罪名，將十四歲的李約翰送到少年監獄。他生長在一貧如洗的家庭，父親離家到處流浪，只靠母親為人幫傭，苦撐著把三個孩子養大。由於貧窮與現實，李約翰淪為慣竊，終於被關進少年監獄。由於當時對少年的管教是相當粗暴嚴厲的，動輒便給予鞭打，因此連同逃獄流浪和服刑，李約翰一共待了七年才出獄。然而這段崎嶇的人生經歷，卻使他的心智產生改變，讓他懂得自由的可貴，懂得生命的意義和精進努力的重要，於是痛改前非。

出獄後的李約翰雖然靠打零工的微薄收入過日子，但只要有時間便博覽群書，名家著作無所不讀。第一次世界大戰，他赴歐洲戰場作戰，獲得傑出表現的獎章，戰後又由於他的不斷努力，終獲選為工黨國會議員。出獄不到十年，他竟能與國家立法諸公同席議事，同時成為著名的作家，寫出《窮人的孩子》、《亡命之徒》等許多發人深省的巨著。在他八十歲生日那天，許多紐西蘭的小說家、詩人和評論家齊聚一堂，向最傑出的先驅致意。

當年法警的手銬為什麼銬不住李約翰的命運呢？因為，手銬扣住的是過去的踰閑蕩檢，而痛改前非的心智轉變，則使他脫胎換骨，絕處逢生。六祖慧能說：

改過必生智慧，
護短心內非賢。

當一個人能痛改前非時，他的智慧就會像陽光一樣普照一生。我相信每個人都會有過錯，都有一些壞習慣或心理障礙，但只要願意改過，光明就會及時出現，驅走黑暗濃霧。

發現工作的價值

一個人能體會工作的意義和價值，才可能孕育勤奮的美德，快活的工作，並增進自己的身心健康。心理學家常提醒我們：頹廢和消極是失敗的開端，退休則是死亡的起點。法國知名演員墨利斯・雪佛萊（Maurice Chevalier）曾飽經憂患，在第一次世界大戰時身負重傷，被德軍俘虜，在戰俘營中拘留兩年；三十幾歲時則精神崩潰，幾乎自殺；而最使他痛心的是第二次世界大戰期間，他被人安上私通納粹的罪名，一直到巴黎光復後才沉冤昭雪。但雪佛萊卻並不因此而自暴自棄，反而不停的在演藝上努力，最後不但榮獲法國十字勳章、榮譽勳章和奧國的李奧波勳章，法國政府甚至還鑄造了雕著他肖像的特種銀質獎章。他說他不是為了錢，也不是為了留芳百世，而是為了工作能做得更好，最後他真的因演技登峰造極而成為一流的明星，享譽國際。

雪佛萊的人生態度是「師法昨日，善度今天，計畫未來」，這個態度引導他不斷發現生活的意義，以及更多該做的事情。雖然他沒有受過正式的學校教育，但卻不斷努力自修，而引發他寫隨筆的習慣，後來一位法國出版商鼓勵他把作品編印成書，誰知這本書非常暢銷，於是接著又寫了好幾本書，直到八十歲時還出版《八十踏級》，並計畫繼續登台拍電影，從不想要退休。他說：「我以工作為最重大的職責，所以現在享有無限好的晚景。」

為什麼他會享有無限好的晚景呢？因為他保持了戰戰兢兢的生命力，同時關心他的工作和他人，希望自己的表演帶給觀眾歡喜，因此他每一次表演，總要親切地詢問觀眾說：「巧妙嗎？各位女士，各位先生，巧妙嗎？」

他誠心誠意，精益求精，同時又能與觀眾共享其成，他所說的無限好的晚景，是指豐足的精神力量和充滿希望的勤奮。

一個人必須在體驗到生命的實現與「空」掉不正當觀念的真諦之後，才會真正的振作起來，毫不自私地把工作做好。也只有無私（空）地把工作做好（布施），才能真正體會到圓滿與喜悅。生活的目標是為了服務別人，肯定自己，從而產生精進的力量，最後邁向成功的生活。只是每個人的工作並不相同，所以我們必須自己去發現自己工作的意義。

佛經上有很高妙的哲理，告訴我們要在無常的現象界中，發現「有常」的價值，這樣才叫做覺悟，才能產生大雄大力的精神。所以說：「佛性非常，非無常。」志徹禪師有段偈子說：

困守無常心，
佛說有常性，
不知方便者，
猶春池拾礫。

這段話很像醍醐一樣，很能夠省發我們的生活態度。因為有常的究竟，就藏在無常的工作與生活中，只要能從中省悟發現，自然能得到方便之門，悟入真理。否則，無論你執著於私慾的無常，或執著於「萬里常空」的有常，生活都像臨駕春池卻不知沐浴其中，反而在池邊撿拾石礫一樣的本末倒置。

生活在這高度工業化的社會裡，如果缺乏精進的態度，我們很容易變得意志消沉，生活無力而不帶勁。你曾經消沉過嗎？曾經落寞倦怠嗎？建議你學習忘懷，培養豪邁，痛改前非，並重新省發生活與工作的價值，這樣你就可以開創人生的新頁。

陸

培養好的人緣

佛法

十方世界如恆河沙等國土中，
諸菩薩摩訶薩
以四事攝取眾生。
何等為四？
布施、愛語、利行、同事。

——《大般若經》

解說

無論在任何地方，
醒覺的人總是透過四個途徑與人建立關係，
引起彼此的共鳴。
這四個途徑是：
布施或給予，
良好的語言溝通，
方便別人，
參與和分享。

所有人都需要有好的人際關係，希望跟別人相處融洽，建立好的友誼，溝通意見，互信互助。人際關係好的人，我們稱他人緣好，而人緣好是安全感的來源，是社會生活的基礎，是事業成功的要件。人緣好，可以使自己左右逢源，神采奕奕，信心十足。

好人緣的基本特質是別人願意跟你相處，願意伸出友誼的手，賞識你的風采，並且信賴你。相對的，你也會對別人發出信任和誠摯的回應。

佛法認為，緣是助道的工具，是實現圓滿人生的機會，是與別人互相影響並提升人性的橋樑，因此對於如何與別人建立良好的人際關係至為重視。它的基本原則是布施（愛的給予）、愛語（良好的語言溝通）、利行（方便別人）和同事（參與和分享），這四個原則可以說是待人交友的金科玉律。

許多人很想改善自己的人際關係，希望有好的人緣，因此不斷設法引起別人的注意和興趣，但往往收到反效果，弄得窘態畢露，白費心思。更有一些人為了博得別人的嘉許和賞識，因而表現得諂媚阿諛，最後還是弄巧成拙，得不到好的結果。

其實，人緣是建立在自己對別人的興趣和尊敬上，一個人若不能以誠心待人，而只是一味奉承，到頭來只會把人際關係弄得更糟。人與人之間的情感作用原則是互動，你關心別人，關心他的生活、想法、感情和痛苦，那別人也會由衷地對你表示關懷。當然，不喜歡別人和不關心別人的人，仍可與人結識，但並不會發生真正的友誼，彼此之間不可能有誠摯的交往。真心關心別人的希望與抱負、委屈與不安、喜悅和自負，就能拉近彼此之間的距離，建立緣的基石。人正因為能關愛別人，自己才變得堅強充實；正因為與別人的關係是和諧的，才有自在落實的感受。《華嚴經》上說：

菩薩若能隨順眾生，
則為隨順供養諸佛。

意思是說，作為一位清醒的大士，應該體諒並隨順自己的同胞，尊重所有的生命，這就是禮敬和實踐佛法的旨意。

關心別人如同關心自己，那麼別人也會真心地關心你；對別人感興趣，別人當然也會對你表示親近。

布施帶來人緣

你一定有過這樣的經驗：當你順手給予別人一點小幫助時，就會發現彼此之間即刻流露著友愛和喜悅，感到諸多安慰。這些情感似乎是在你給予幫助後，才引起的迴流。雖然有些幫助只是舉手之勞，自己也絕無任何居心，但是感激的笑容和會心的眼神，卻深深地觸及人性的光明面。

布施就心理學的觀點來看，就是給予。給予並不限於幫助，它包括思想與情感的共鳴、體諒和寬恕。給予別人幫助固然不易，但給予心靈的共鳴、體諒和寬恕，則更為珍貴。佛家把給予（布施）分成兩大類，一是財施，即各種有形的幫助，包括金錢、勞力和物質的捐施；另一種則是法施，就是協助別人成長，給予體恤和寬容。兩者相較之下，法施比財施更為珍貴難得。

有些人養育孩子太注重身體的成長和一般教育，很少在適當的時候給他幾句活生生的金玉良言；也太重視學歷的完成，很少去注意自尊心的培養，很少給予適當的讚美和幾句溫柔的話語。正因為我們少於這方面的給予，親子間的情感才變得不夠親切溫暖，因為彼此間的緣沒有穩當地建立起來。

對待朋友也是一樣，如果我們給對方一種受賞識的感受，彼此間就會變得親切知心。當對方感受到受尊重的時候，你也會得到相對的尊重，這就是投緣。

給予必須是主動的心理狀態。在公車上你讓座給老弱婦孺，是你主動的發出惻隱之心，把關心投注於人，然後才產生給予的行為。主動的給予能表現出一個人的熱心，它很容易化解人與人之間的冷漠與隔閡，因此越能主動幫助別人的人，就越能建立好的人際關係。

我們所給予的必須是愛，對給予的結果應負起責任，同時要尊重受施者的種種情況。如果我們給予的方式傷害到對方的自尊，給予的意義即刻喪失，自己所得到的回應也不會是愉快的。比如說長輩是為部屬好，才指出晚輩的錯誤，但如果太過分了，就會變成辱罵，結果得到的是敵意和反抗；朋友和同事也往往因為耿直的諍言，卻導致怒目相向，破壞了彼此的人際關係。

布施是沒有條件的，有條件的布施就會變得窘態畢露。為了討好別人而現出笑容，固然也在表達親切，但因為缺乏真心，最後就會變得生硬勉強。同樣的，心中有所求才給予對方好處，充其量只不過是籠絡罷了。籠絡就本身而言是一種不安的表現，對於真正的人際關係並沒有助益，因為它可能帶來更多的渴求，變成貪婪的操縱。這就是釋迦牟尼佛告誡世人「應無所住行於布施」的真正原因。

從佛法的觀點看，給予別人就等於給予自己，能跟別人建立善緣，就等於跟自己結了善緣。因為人的情感和智慧是一種交流的關係，人的內在世界就等於外在世界的映象。《華嚴經》上說：

是故菩提屬於眾生，
若無眾生，
一切菩薩終不能成無上正覺。

生活是所有生命所共享，如果沒有諸多的生命現象，所有的菩薩都不能成就正覺。人際關係必須建立在互助和互相關懷上，那才是真正的善緣。

布施透過行為而實踐，無論布施的內容是什麼，不外乎使用語言、姿勢、表情和行動來當作手段，因此，布施的行為態度會影響布施內容和品質。古人說：「不食嗟來之食。」不禮貌、不尊重的賞賜，對方即使接受，也不會心懷感激。因此，人要注意平常的言行態度，因為它也是我們布施和給予的一部分。

布施代表著一個人心靈成熟的實際情形，幫助別人必須同時具有善良的存心。「萬法唯心」，心地慈悲，布施就會得當適切。

布施和給予並非只有對親友和袍澤，而是要普及宇宙間種種的生命現象。現代人談保護動物、維護生態，而古代人則稱之為「眾生平等」，人類能善待大自然的一草一木，能夠對大自然的生命現象給予維護，這便是對大自然結下善緣，大自然也一樣會給予福報。

布施本來就不求回報，但有了布施必然得到回報。不過回報的不是布施的本身，而是美妙神奇的緣，它可以被解釋為完美的時空關係。

以良好的談吐來助緣

人類用來溝通的工具或媒介，包括語言、文字、態度、表情和姿態等，其中最普遍、最有效的工具為語言，它占所有溝通流量的百分之九十以上。因此，佛法把它列為建立善緣或人際關係的途徑，同時在所謂十種善行當中，與語言有關的就占了四種（包括不妄語、不兩舌、不惡口、不綺語），足見其重要性。

好的談吐（愛語）可以增進人際的了解，把彼此的歧見逐漸凝聚成共同的意見。它代表一個人的精神、睿智與學識修養，更重要的是它能化敵為友，增長智慧，使人生活得更快活。

我讀初中時，常到市場幫父親賣水果。有一天，兩位賣小豬的商販由吵嘴進而扭打成一團，市場裡即刻圍滿了看熱鬧的人潮。同在市場販賣的朋友們，七手八腳地把他們拉開，但兩人仍然怒不可遏地相互咒罵，咬牙切齒，恨不得對方粉身碎骨。你知道他們為什麼吵架嗎？就因為他們一個說薛仁貴就是薛平貴，一個說薛仁貴不是薛平貴，就為了這點爭論，兩個人放下生意不做，憤怒地扭打成一團，破壞彼此間的友誼。

如果仔細地觀察檢討，我們不難發現，惡臉相向的原因都是三句話不投機所引起的。夫妻相處語言溝通不投機，幾句話就會吵起來；親子間的交談稍不注意，也會弄得代溝加深。如果不修口德，到處都會不得人緣。

有一對結婚不久的夫妻，跟我討論他們老是吵個不停的原因。與他們仔細探究之後，發現他們彼此都很恩愛，只不過是在講話時習慣性地說出傷害對方自尊的話。他們說，兩個人吵過嘴之後，也曾經下定決心想改進彼此的缺點，但吵嘴的事仍然不斷地發生。我建議他們互相鼓勵學習交流分析的講話技巧（請參閱《我好，你也好》，遠流出版），由於他們雙方都有心改進，嘗試月餘之後，便有明顯的進步。

一般來說，不良的談吐有幾種可能的原因，第一是情緒不穩定。有些人容易憤怒，稍不如意即口出攻擊性的批評，慣於責備別人、訓斥別人，置別人自尊於不顧。另一種情緒不穩的人是遇到不如意的事，即以消極的冷嘲熱諷，或以憂鬱的態度來作為沉默的反抗。情緒不穩定的人在受到激怒的時候，總是放棄與人溝通，而以發洩或報復的言詞待人，以致語言的積極效果盡失，反而讓情感交流和表達能力受到嚴重的破壞。

其次是自我中心。有些人只顧自己的觀點，不考慮別人的立場，而且他們通常是以自以為是的口吻和態度對人說話。他們常滔滔不絕，不容許對方加插幾句，對別人的意見也缺乏耐心聆聽，因此不容易有效掌握別人跟自己的歧見，做建設性的協調與建議。自我中心的人總以為自己是對的，喜歡批評別人的不是。

再次是不能肯定自己。有人常把握不住自己的原則和立場，做錯誤的意見溝通，事後再來懊悔或爽約，因而造成困擾。比如說我們常常為了爭取別人的好感和讚許，承諾了原本不該接受的請求，弄得困擾萬分，情緒不寧。不能肯定自己立場的人，有時會為了避免傷感情，而不敢說出真心話，或者勉強接受，委屈自己，這樣的處事態度不但無法增進人際關係，相反的，還會引發內心與別人格格不入之感。

最後一種原因是缺乏說話的訓練。在交談中，不能適當表達自己的意見，而造成彼此間的誤解。例如某甲的姊妹打電話給他說：「我今天很忙，你們可否代為照料一下孩子？」他則以直性子的口吻回答道：「今天不行。」這樣就很有可能損及和氣。如果他換個說法：「我想能幫忙就好了，可惜今天我們也沒有空，還有別的辦法可以幫助你嗎？我上台北去，能順便替你辦些什麼事呢？」這樣就不會傷害彼此的感情。

語言溝通與個人的人格特質關係密切，而人格則是一個人恆常固定的行為模式。要補救語言溝通上的缺點，就必須隨時注意，經過長時間的自我訓練與改正，才會有顯著的進步。以下幾點是改善語言溝通的建議：

● 當你受激怒時，應該對自己說「讓我想想」，爭取短短的十幾秒鐘，讓自己不說話。思想會有時間和空間做個緩衝，激動的語言就不致脫口而出。

● 要學會聆聽，欣賞別人的意見，並測量它與自己的意思相差多遠。相信在兩者之間，一定夾有一個更好的答案。

● 爭辯是傷害人際關係和友誼的毒箭，要多應用商量和協調，少逞強爭辯。

● 少使用批評的語句，多解析事情的真相。先談彼此同感的事情，讓對方一開始就說：「不錯！不錯！」接二連三的提出對方認可的部分，最後才協商彼此意見不同的地方，這樣比較容易奏效。

● 避免採取教誡別人的語氣，或礙於情面而勉強接受意見，那對彼此都沒有好處。要平心靜氣討論問題的本身，而不能毛毛躁躁地攻擊對方的自尊。

● 語氣要溫和客氣，越是不滿和激怒，越需要用溫和與客氣來處理，頂撞絕無好處。

- 說話不可武斷，也不說掃興的話語。即使心有不快，亦不可藉嘲弄以博一粲。
- 懂得讚揚別人；不過要注意的是，讚揚別人時要對事讚揚，並表示真誠。

方便別人可以增緣

鼓勵別人實現理想，給別人方便讓他順利達成目標，或讚美別人以鼓舞其信心和士氣，一般人稱這類美德為「君子有成人之美」，在佛法上則稱為「利行」。

一個懂得跟別人和諧相處的人，都知道利行的可貴。利行不是直接幫助別人工作，更不是越俎代庖，而是順手給對方一些方便。一位父親在女兒的鋼琴上留下字條說：「你每次彈琴，都讓我心曠神怡。」女兒看到父親的字條後，就更認真的學習，而且也增進了親子間的情感。另外有位老師伸手摸摸學生的頭說：「你一定知道答案，只要想想就行了！」孩子就會認真去想，答案總是經過孩子的思考而出現。

利行不是送禮，也無需刻意去思考或安排，而是很自然地表達自己內心的關懷。你開車從巷道裡經過，看到不利於行的人，你就將車子的速度放慢，讓他從容地走過去，順便向他招招手，你會發現他的笑容可掬，目光中閃耀著安慰和感謝。

利行是教師和醫師提高教學與醫療效果的最佳方法。教師能夠對學生適時地鼓勵和讚美，及時給予安慰和支持，學生就會表現得認真、自愛和快活。老師在學生的作文簿上寫下「我有同感」四個字，可能就會使學生獲得自我肯定的態度。在批改數學簿時寫著「你的推理很正確」，而沒有對演算錯誤的部分加以批評，學生從此便會更加細心的練習演算。

我的家庭醫師就是一位很懂得利行的好醫師。在他慈祥的微笑中，好像總在暗示病人「你的病痛很快就會好了！」病人看到他就有了信心。他對病人的家庭生活和工作情況瞭若指掌，總是抓住機會跟病人閒話幾句家常，而我也發現，病人在短短一、兩分鐘內，便把心情鬆弛下來，露出微笑，充滿信心和溫暖。他常常說：「吃藥固然重要，但若沒有愉快和信心，藥的功能只能發揮一半，甚至無效。」這位醫生是我非常敬佩的朋友，他常常犧牲假日為病患看病，深夜請他急診也不推辭，每天還開著車子去為那些不良於行的老人家看病。他的利行結了善緣，他是讓我看了心情便會愉快、精神生活最豐足的人之一。

利行對於經商的人來說，更是財通四海之道。一個雜貨店老闆因為懂得給顧客方便，把稍重的物品送到顧客家裡，在日常生活上也儘量給別人方便，顧客就會越來越多。有一位朋友告訴我說，他家附近有一個雜貨舖，已成為他們社區互相溝通的中心，每戶人家所需要的日常用品，都由這家雜貨舖供應，他們的生意也就蒸蒸日上。

許多大企業非常重視售後服務，這也是一種利行的表現。售後服務越是周到，越能拓展它的市場；越是方便顧客，越能爭取消費者的喜愛。如今，在企業經營上，如何方便顧客，已經成為市場銷售的勝敗關鍵，每一家公司都要投注相當大的經費，在這方面力求發展。

利行是人際關係的基礎，是情感交流的開端，它使得人與人之間有機會相互了解，也把彼此間的距離拉近了。因此，一個人想要廣結善緣，就一定要實踐利行的美德。

在參與中結緣

參與就是佛法所謂的同事。你能有機會參與朋友的某些活動，和讓你的朋友參與你的活動，一樣都能帶來愉快和親切，讓彼此間的思想和情感獲得完全的交融，而感到一致感和安全感。最平常的參與感是聊天，跟你的朋友和鄰居，站在門前就可以天南地北地聊起來。幾個人一道出遊，或下一盤棋，或者聚會小酌，都是一種密切的參與。「一壺濁酒喜相逢，古今多少事，都付笑談中。」幾個朋友相聚小酌，各談有趣的往事，也會使人忘懷。

當你能喜歡別人的某些生活活動，能夠表示欣賞和讚美，懂得互相參與，彼此間的人際關係就能親切活絡起來。鄉下人比起都市人要懂得互相參與之道，例如他們會互相照顧孩子，互助幫助採收農產品，互相關心彼此的耕作情形，見面總是先問問對方種植作物的成長情況。我的老家在宜蘭的鄉下，大部分人家務農，每一次回去總是在互相參與的人際關係上，豐收而回。他們總留給你滿腔的溫暖，填補了都市冷淡的一面。

互相參與是一種人情的自然表現，只要你能欣賞別人，就會和他建立接觸的管道，而別人也願意參與你的興趣，跟你分享喜悅。參與能使人學習更多東西，充實自己的生活，使自己變得熱心而有活力，心靈得到淨化和提升。

《華嚴經》有一段話說：

若於眾生尊重承事，
則為尊重承事如來；
若令眾生生歡喜者，
則令一切如來歡喜。

人能順應別人的需要，無異於供養十方諸佛；凡事能尊重他人，就等於尊重如來；能使大家都圓滿歡喜，無異令一切如來歡喜。

人若能參與別人的活動，能順應和尊重別人，並使大家圓滿歡喜，無異成就了菩薩的行持，接近如來的智慧。

參與不但使別人感到溫暖和鼓勵，自己也會獲得回饋，感到喜悅，而更樂於參與。因此，它是人類心靈溝通、彼此互助、相互寬恕體諒，並產生和諧社會行為的基礎。

在我們的社會裡，互相參與的美德似乎日漸式微，其主要原因是與「多管閒事」的觀念相互混淆。其實，多管閒事和參與差別很大，多管閒事是干涉別人的私事，是道聽塗說或群居終日言不及義，他們因為心靈空虛、寂寞無聊，所以喜歡道長論短，搬弄事非。相反的，參與是源自對別人的關心和對社會的責任，而具有參與能力的人，他的內心是豐足的，是安定的，因此他有能力判斷應該如何參與。

參與顯然與一個人的感受性有關，一個能清楚地了解別人或社會實際需要的人，必然能有效的參與，因為感受性使他具有客觀回應環境的能力，使自己的參與方式得到別人的接納與贊同。在你的朋友之中，總有幾位古道熱腸的，他總是知道你的喜樂和擔憂，經常和你聯繫，保持接觸參與，跟你分享喜悅和困難，從而彼此間有著濃厚的友誼。不過參與並不限於朋友，對於鄰居、同事，乃至只有一面之緣的人，都能透過參與而建立情感。

家庭的幸福與和諧，也是建立在相互參與的基礎上。父母能有效地參與並分享子女的成長和學習，那麼親子間的感情便總是親密融洽的。丈夫如果認為家事是太太的事，不去表示關懷與協助，日子久了，太太就會覺得無助，即使生活富裕，心裡還是會覺得孤單貧乏；相反的，如果夫妻之間能相互參與，那他們的情感必定是親密而快活，而這也是培養和睦幸福之道。家裡的成員如果各行其是，彼此互不關心，那一定是一個冷漠而不溫暖的家。

人際關係的好壞與一個人是否具有熱心腸的態度有關。熱心腸使你保持關懷別人的興趣，好心腸則引發我們幫助別人的動機。古道熱腸的人，總會在雪中送炭，他們能給別人及時的溫暖，令人終生難以忘懷。而所謂的古道熱腸，無非是從布施、愛語、利行和同事中表現出來的。

現代人對於已故的美國電影明星約翰・韋恩（John Wayne）應該不致太陌生，但也許大部分人只認識到他一流的演技，而很少看到他對社會、家庭的參與和布施，他不但慷慨厚道，而且處處雪中送炭。有一位作家說，某晚他和約翰・韋恩在達拉斯參加《赤膽屠龍》一片的首映禮，深夜回到旅館時，發現一個婦人留下便條，說她的女兒在當地醫院病得很重，「只要你能抽空去看她一會兒，她會非常高興的。」凌晨三點鐘，他到醫院去看望那喜出望外的小女孩，順便慰問同一層病房中還醒著的病人。他雖然是一個大明星，但卻一直在做一些平凡的參與，因此贏得令人難忘的記憶。

一九七九年，女星伊莉莎白・泰勒（Elizabeth Taylor）在美國國會為他鑄造特別金獎章時作證說：「他讓全世界的人看到一個美國人應有的氣派。」我們必須了解，以他的職業和成就，他的生活很容易變得浪漫糜爛，但他沒有離過婚，只要你看看他的七個孩子和二十一個孫子，你會發現他還是一個好父親。他說：「我的一生總是力求家人喜歡我，朋友尊敬我。」他之所以能贏得別人的緣，並不只是他是個名演員，而是一個能流露真情、樂善好施的溫文巨人。

柒

開啟光明的智慧

佛法

一切處所一切時中，
念念不愚常行智慧，
即是般若行。
一念愚即般若絕，
一念智即般若生。
世人愚迷不見般若，
口說般若心中常愚。

——《六祖壇經》

解說

無論什麼時候、什麼地方，
心智要經常保持清醒，
那就是生活智慧。
人若被現象、習性乃至知識所束縛，
便會失去智慧和創造力。
若保持清醒、好奇和專注，
智慧和創造力便會隨之而來。
一般人忽略這個道理，
所以不見智慧的靈體，
只是口說智慧而不實行，
心中還是愚昧昏闇的。

智慧是人生的明燈，是生活的船舵，是解決問題的能力，在佛法上則被視為是完美的思想和生活實踐。智慧代表一個人的光明面，代表愉快生活的活力，它是無雜無染、純真完美的本性。智慧是以思想和氣質的方式，表現在日常生活中，因此一個睿智的人，我們一定可以從他的言行談吐中，領受溫文純樸和引人入勝的風采。他不一定富有，但必然閃耀著興致勃勃的光采；他不一定聞達，但一定能引領你突破心志上的障礙，給你啟示和省發，甚至使你沉寂落寞的精神因此而振奮起來。

每個人的心中都潛藏著光耀奪目的智慧，所不同的是：有的人聽從自己的智慧，能肯定自己，實現自己的潛能，發揮良知和與生俱來的思考能力。有的人則背叛自己，當別人思想的奴隸，放棄自己的潛能，否定自己的心聲，任由境轉。因此，能肯定自我的人，其心是安定的，是沒有染著的，也是醒覺的；反之，若不能掌握真我，不能成為自己應該做的人，那就是迷失了。

愛默生說：「要信賴你自己的思想，你內心認為正確的觀念，對他人也必是至理，這就是天賦的才智。」我們必須注意，最受歡迎的選擇是從俗，但那也是隨波逐流，埋沒自己的開始。一廂情願地與別人一致，不但得不到幸福，也是智慧發展的魔障，因此除了內心誠正的心聲外，我們沒什麼好信賴的。這樣的生活態度，正是空與無為的道理。

智慧本身就是一種光明，它必須在打破占有和成見之後，才能發揮耀眼的光芒。荼陵郁和尚有一天跌倒了，在站起來撣灰塵時，才恍然大悟的說：

我有明珠一顆，
久被塵勞關鎖，
今朝塵盡光生，
照破山河萬朵。

一個人如果能從成見和隨波逐流的習性中醒悟過來，就會活得有朝氣、有創造性，所以每個人都必須認清並確認自己的價值，相信自己有獨一無二的潛能和根性，並按照自己的直覺去做，這樣智慧就會像噴泉一樣湧現出來。

另一方面是要有一顆光明的心，不但要發掘自己的優點，也要避免自己被物慾所蒙蔽。能發現自己的優點，覺得自己雄渾有力，能放下物慾和占有，自然有一種自在清妙的思考能力，那就是真定，就是智慧機靈閃現的時刻。
白居易在八漸偈中寫道（見《景德傳燈錄》）：

定慧相合，合而後明，
照破萬物，物無遁形，
如大圓鏡，有應無情。
慧至乃明，明則不昧，
明至乃通，通則無礙，
無礙者何，變化自在。

一般人若能根據自己的志趣天機，以此來選擇職業和生活方式，必能孜孜不倦於那份工作，把它做得盡善盡美。若再配合純真的本性，一切從積極面去想，去努力，自然會產生「定慧相合」的奧妙。

有一位朋友述說，他的同學是一家很有規模的傢俱製造商，這位傢俱商從小成績就很好，因此很順利地完成大學學業，畢業後還當了兩年老師，卻總覺得自己若有所失。這位傢俱商的鄰居開了一家木器店，他從小就愛在店裡幫忙敲敲打打，到了大學畢業還是依舊如故，總是忘懷不了自己對木工的興趣。有一天，他乾脆辭掉教師的工作，專心學習木工，而由於興趣和潛能的配合，這位傢俱商設計製造了許多新傢俱，現在不但經營一家木工廠，也發展出好幾家傢俱店。

每個人的潛能都不一樣，事業發展和生活方式也不相同，但只要能忠實自己，信賴自己的思想，一切都會變得美好。愛默生說：「接納自己的法則，便會發現一切兆頭都是好的。」有一位年輕人從小功課平平，但卻友愛且富有服務熱忱，而且身體魁梧壯碩，因此專科畢業後便投入警界服務，參加維護治安的工作。雖然警察的勤務艱鉅，平常難得休假，但他每天都生氣盎然的，還告訴我說他選對了工作，因為每完成一項任務，就會有一種實現和成功的感受。像這樣的人，將來一定會成為警界的中堅，為社會奉獻最高的智慧和能力。

在這世上，每個人的稟賦和根性都不相同，也正因為它的差異，才能完成自然的和諧與平衡，才能表現出個別的天才和風味。任何人只要能實現他的潛能，樹立自己的性格，人生就會變得可愛。而就整體人類而言，這種差異的平衡共存，就是宇宙的唯一真理，也是佛法所謂的「佛性不二」的真諦。

每一個人都是絕對獨一無二的，智慧的發展就是建立在這個法則上，去肯定自己、實現自己。以下我們就來討論一下開啟生活智慧的幾個途徑。

肯定自己

肯定自己乃是信賴內在純樸的思想，發揮與生俱來的才智，而不是維護自己的私慾和放縱不當的情緒。我們必須先揚棄私慾和不當的情緒，才能發現自己純真的思想和智慧。換言之，肯定自己就是還我本色，從幻覺中解脫出來，相信自己，忠實地實現自己，做自己真正想做的人。

一個人要想肯定自己，必須先從認識自己開始。然而，要怎樣才會有自知之明呢？千萬不要自貶身價，看不起自己，更用不著跟別人比較。問題的中心是：你要細心地了解自己，尊重自己，珍惜自己。

想要了解自己，就得先回想並檢視過去的經驗，發掘有什麼事物曾令你振奮的，因為從令你振奮的事情中，最容易發現能力和興趣的線索。許多成就卓著的人，他們能把平凡的生命化作非凡的表現，就是因為肯定自己獨一無二的特質所發展出來的結果。

亨利・福特（Henry Ford）使汽車成為大家日常生活中都可享用的工具，對人類生活的貢獻極其卓著，那是因為他信賴自己對機械的興趣，開發天賦潛能的結果。不過我們必須了解，信賴與開發自己的潛能，並不是毫無障礙便順利可及的，信賴和肯定自己是必須付出相當大的努力和毅力。福特年少的時候，父親要他務農，以便將來繼承他的農場，但是福特總是對引起自己興趣的機器和玩具難以忘懷。他的姊姊說：「每逢耶誕節，我們收到機械或上發條的玩具時，總要提防亨利把它拆得七零八落。」對他而言，拆開玩具看個究竟，要比玩它更為快樂。

十二歲那一年，他第一次看到引擎推動的車，馬上從馬車上跳下來和駕車的工程師談談，就是這個引擎開啟了他致力於汽車運輸業的願景。他回憶說：「從我看到它的那一剎那開始，我最大的興趣就是要製造一種能在路上到處跑的機器。」於是福特在十六歲時，不顧父親的反對離開農場，到底特律的機械廠工作，兢兢業業地開始他的學習和創造生涯。由於他的辛勤和天賦，終於在一八九六年六月，製造了第一部汽車。

一個能夠肯定自己的人，他一定能使自己的工作與生活結合在一起。喜歡工作正如同喜歡生活一樣，這樣才會有源源不絕的幹勁和創意，若只會埋怨自己的工作，每天處在不得已的僵局裡，那不但會使生活情趣盡失，腦力也會跟著失去活潑和敏銳性。

佛法一向重視肯定自己，信賴純然真性。以前良遂禪師參見麻谷，問他什麼是佛法的道理，麻谷就叫了一聲良遂的名字，良遂應聲，這樣連著三次，卻看不出有什麼領會，於是麻谷責問他說：「你這個人怎麼會這麼笨！」這時良遂才省悟了過來。到底良遂醒悟到什麼呢？我想他所領會的就是肯定內在的自己，正如神讚禪師所說的：

靈光獨耀，
迥脫根塵，
體露真常，

不拘文字。

本真是一個人的靈體，是無法用文字加以詮釋的，除了肯定它、披露它之外，沒有別的方法能接觸到這個真理。

平常生活能夠忠實於自己的人，必然是曠達而具有慧根的。心理學研究指出，如果一個人不能忠於自己，不肯接納自己，內心就會充滿矛盾和哀愁。比如說，大部分人都不能接受別人善意的批評，當然更不可能接納別人的責備和指正；另一方面，也有許多人怯於接納別人真心的讚美，而表現得羞赧推辭。總之，一個人若不能適意地表現自己，或是接受別人的意見，就會使心情滯塞鬱抑，焦慮不安。換言之，不能肯定自己與別人之間的情感，作清醒的回應，甚至予以逃避者，不但永遠喪失自己的真情，也必然悶悶不樂。

在禪宗的教義裡，非常重視高興了就笑，悲傷了就哭，睏了就睡，渴了就喝的道理。他們覺得所有的心智都是平常的、自然的、足堪珍惜的，最好是真心流露，用不著拐彎抹角地壓抑自己。心理學家渥爾坡（Joseph Wolpe）舉例說，某甲向某乙借一項東西，該物品是某乙非常珍惜的紀念品，很捨不得出借給甲，但是又不好意思拒絕，最後只好勉強貸予。甲借得東西，高興的離開，乙卻心中怨憤不息，喃喃地嘀咕一整天，這就是肯定性不夠。

一個人不敢說出心中的話，否定自己的心聲，繼而失去創意，缺乏自然適切處理問題的能力，其結果不是整天憂悶不樂，就是情緒低落，日子久了，心理就會慢性中毒，許多憂鬱的人就是這樣造成的。

一個能婉轉和諧地表達自己的意見，是就是，不是就不是的人，就是一個能自我肯定的人。有一對夫婦告訴我，他們平常忙著工作或處理家務，好不容易騰出一個週末，擺脫種種俗務，準備輕鬆地到餐館裡吃飯，然後去欣賞電影。這是他們結婚五年以來，第一次有機會一起在外頭用餐，內心不禁燃起難得的喜悅。

很不幸地，當館子裡的服務人員端上兩碗熱騰騰的紅燒麵時，他們發現那不是他們原本點的、嚮往已久的清燉麵。如果這時他們坦率告訴老闆：「我們非常想念貴店的清燉麵，特地來回味那可口的滋味，是不是可以請你換兩碗清燉麵給我們？」我相信老闆會同意他們誠意的請求的。但是他們沒有這樣做，只是皺著眉頭委屈地把麵給吃了，然後很不高興地走出館子，嘴裡嘀咕個不停，敗興地度過一個原本很快樂的週末。這對夫婦所犯的錯誤就是不能肯定自己，不敢或不肯去表達他們的希望，因而造成心理的壓抑。

怎樣才能培養自我肯定的生活態度？歸納心理學的研究，建議幾項原則：

●認識自己的能力、個性和情感，並予以肯定。不可自貶身價，看別人的顏臉。

●注意學習婉轉的語言，適當的語氣，莊重的態度，才不至於因強烈表達己見，而造成攻擊性或批評性的言詞。

●姿勢能顯示一個人的肯定信念，好的姿勢有利於肯定信念的成長，所以不管是行、住、坐、臥，都要注意好的姿勢。古人說「行如風、立如松、坐如鐘、臥如弓」，確實有其道理。

●要注意眼神和態度，閃躲和逃避的眼神就是缺乏信心的徵兆。與人談話一定要看著跟你談話的人，專心的聽，專心的思考，你自然會表現出信心十足的模樣。

●反應太快，失之草率；反應太遲，失之猶豫。必須經過思考，然後才能肯定、恰當地表達自己的意見。

如果能根據上述幾項原則，時時刻刻提醒自己，那麼信心和尊嚴就可以建立起來。我們必須注意，人性的神聖是不可侵犯的，它是人類能夠說出崇高正直的話語，和實踐仁愛襟懷的根源。

孕育你的思想

純正活潑的思想是一個人的靈魂之光，而新奇地敞開你的心胸，接納自然所賜予的靈感，就是維持那道光的靈糧。思想顯然是生活與存在的本質，它使生活多采多姿，是心靈成長的自然現象，是扭轉逆境、策劃未來的力量。

當我們把心扉開啟了，日子就會過得充滿好奇、新鮮、有趣，並有豐富的創意，因此我們必須啟發自己的感官，不要被習慣性和必然性控鎖住心靈，那麼思想和感覺的觸鬚就能伸展出去，探索宇宙的奧妙，和大自然的神奇巧緻。比如說，你在林間或公園裡散步，若靜靜地聆聽微風輕撫樹梢的旋律，欣賞鳥兒婉轉的歌喉，然後你想想你就是它，神往在自然的啟示裡，就能悟出喜悅，流露出靈感，啟發你解決難題的主意。也許你沒有過這種經驗，那麼不妨現在就試試看，敞開你的胸懷，經常探索質樸好奇的感受，專心接觸四周的景物，你的思想和創造力很快就能活絡起來。

禪要人們在生活中保持覺悟，恢復活潑天真的本性，因此禪師教誡人們一定要保持心裡的寧靜和胸懷的坦蕩。正因為是「心中無一物」，才能看清事物的完美和全貌；正因為沒有「塵埃」，所以時時能體會到「春來物色鮮」。禪就是要我們啟開心智，真正去思想、去生活。

禪宗史上有一則有趣又具啟發性的故事。有一天百丈懷海跟他的老師馬祖在外頭散步，看見一群野鴨飛過，馬祖說：

「是什麼？」

百丈說：

「野鴨子。」

馬祖說：

「哪兒去了？」

百丈說：

「飛過去了。」

於是馬祖把百丈的鼻子扭得負痛失聲，然後說：

「難道又是飛過去了？」

百丈就因為被老師這一扭和及時反問「難道又是飛過去了？」而徹悟。在這則故事裡，百丈原來的心胸是未敞開的，更不能真正與大自然相應相合，他只看到平常的野鴨飛過，而沒有觸及到野鴨飛過時的好奇與喜悅，正因為這樣，其心靈是死寂的，內在的自己也是被蒙蔽的，心智像一潭死水。然而經過老師猛一提示，他把眼睛張開了，思想的窗櫺也啟開了，所看到的就不是常識裡的飛過去，而是肯定了自己存在的真理。

智慧只有在心胸敞開之後才會浮現出來，透過生活的情趣和放下萬緣，可以啟發處理事情的靈感。由於生活情趣能幫助我們投入生活的點點滴滴，悠然神馳，心智和想像力也就不由自主地以不可思議的方式活動起來，而當想像力開始活動時，再去思考原先所遭遇的難題，就很容易迎刃而解。音樂神童莫札特（Wolfang Amadeus Mozart）說，他在旅行、散步和假寐時，樂章便自行組合出來。曾獲諾貝爾獎的物理學家格勞柏（Roy Glauber）聲稱，他像愛因斯坦一樣，往往在悠閒剃鬚時便會有好的靈感。

當創造力與思想活絡時，把它轉移到思考某件事情上，便能引燃閃耀的光芒。而思想的活絡則源自悠閒的神馳、好奇的喜悅和類比思考。什麼叫類比思考呢？打個比方說，你負責籌備一個會議，很想把它辦好，所以從頭到尾把程序想過了很多次，然後開始準備所需要的東西，結果卻還是準備不周，會場凌亂不堪。但如果你加上類比思考，把會議比喻為一部卡車，從它的必備條件和駕駛情境去思考，列出種種要件，再回過頭來檢討和思考會議籌備的情形，就會有新的主意和發現。

心理輔導專家在協助求診者時，最重要的就是引發他的智慧，而常用的方法是引導他把所遭遇的問題變換一下。比如說「我該辭職嗎？」不妨換個問題讓他自問「就本身的志趣而言，目前的工作究竟能滿足多少？」老闆想要開革一位職員，不妨換個方式自思：「用何種方式能促進這位職員的表現？」思想是在清靜鬆弛時，才會發出創造的奇蹟，如果對思考的問題窮追不捨，那是不會有好的結果的。

創造性思想源自於想像力，但並不是所有的想像力都能成為真知灼見。心理分析學家對於想像力的看法是：想像如果與懼怕結合，就會產生緊張和焦慮，甚至引起其他的心理疾病；相反的，悠閒神馳配合著一個事實，就會產生解決問題的創意。可見創造力與悠然的情趣有很大的關係。

當我們啟開心靈，任其神遊自在地接觸生活周遭，往往能產生驚人的想像力；而如果我們能夠善加應用，確能帶來光明的智慧。首先，它能使生活更富創造力和新奇感，使我們沉醉在想像中，突破現有知識和經驗的限制，而有嶄新的發現。許多科學上的發現和人文上的生活法則，都是在遐想中產生的。法拉第（Michael Faraday）是電磁原理的發現者，他經常想像自己是一顆受壓力的原子，因而看透了電解的奧秘。愛因斯坦幻想一個人以光速飛入太空後，究竟會發現什麼情形，這個觀念促使他完成了相對論的某些要點。再說釋迦牟尼佛是在夜觀星空時，才悟出生活與宇宙的真理。而梭羅（Henry D. Thoreau）又何嘗不是在獨居閒想中，悟出了肯定真我的道理。至於文學作家那就更需要敞開胸襟，接受大自然的激盪，方能浸淫於無盡的沉思。

想像的另一種型態是幻想，它是在無意中浮現於腦際的一個情景或觀念，有時是過去經驗的再現，有時是未來的憧憬，但都能帶給我們生活的目標，或處理事情的靈感。有時我們也可藉著快樂的想像，而消除一時的氣憤和疲勞，保持心中的平靜。

想像也是一種成功的動力。哈佛大學心理學家麥克里蘭（David McClelland）曾指出：「功成名就的想像，會反映在一個人腳踏實地的力圖上進上。」一個高中學生想像著考取第一志願時的喜悅，會促使他更加努力讀書。而一個企業界的新鮮人，想像他成功時的情境，也會激勵他努力不懈和修正經營策略，以期獲得成功。

其實每一個人都有天才的火花，但由於很少去應用它，或者讓它與懼怕、憂愁、急躁等煩惱結合在一起，錯用了想像的資源，反而造成心理困擾。佛洛伊德曾說：「快樂的人從來不做奇想，只有對生活不滿的人才會如此。」事實上，快樂的人一樣有奇想，只是快樂的人把奇想化為創造力；不快樂的人則把奇想變成惡毒驚怖的白日夢。一個正常人是把想像力引到生活上來，以解決問題；而一個心靈怯弱的人，則讓自己投入幻想中來自我麻醉，因而造成困擾和悲忿。六祖慧能曾把自由活潑的創造力，說得剔透盡致，他說：

心量廣大，
遍周法界，
用即了了分明，
應用便知一切。

把心胸敞開，以純真之心去接觸生活世界，便能引發清新的思考，就能應用它來省思一切的事理。因此，一個人必須袪除心中的障礙，使創造力呈現出來。杜瑞（M. Drury）曾對破壞思想與創造力的障礙，提出真知灼見，茲歸納要點如次：

- 不肯抽空沉思，或及時把思想靈感記錄下來。要注意，沒有記錄自己思想和創意習慣的人，就等於在浪費他的才智。
- 急著下判斷。匆促的判斷就沒有機會培養審慎的思考，那等於濫肆踐踏創造力的幼苗。
- 沒有充實自己的心靈。不用心於事業，不肯看書、觀察、訪問、旅行、蒐集資料的人，心智就會陷於貧血的狀態。

- 怯於表達己見。一個不敢肯定自己的人，其心靈容易窒息枯萎。
- 不能專注細想。思想和想像被旁騖所打斷，雜亂無章的胡思亂想，並不能培養真正的想像力和創見。
- 一開始就有不可能的意念。假定早就有人想過了，因此而喪失了深思探究的勇氣，把自己陷於作繭自縛的境地。

好奇和觀察是智慧的種子，悠遊與鬆弛則是創造力幼苗成長的條件，而排除上述的思想障礙，就是灌溉與施肥。如果我們能用這套方法神遊太虛，就可使天賦的想像力得到開展。

美國山莫斯（William Sames）教授在上哲學課時，曾經問學生：「馬車的哪個部分最重要？」有的學生說是馬，有的說是輪子，有的則說是車身。他一一否定學生的答案正當學生們疑惑不已時，他說：「是車子的藍圖。因為馬可以再買，輪子也可以再造，但是如果沒有藍圖，車子就無從造起。」藍圖就是智慧，如果沒有清楚醒覺的思考，人生就會變得沒有憑藉。

捌

家庭是幸福的搖籃

佛法

夫為人子當敬順父母，
父母亦復敬視其子，
善生！子之於父母，敬順恭奉，
則彼方安穩，無憂無畏。
夫敬待於妻，
妻恭敬於夫，
善生！妻之於夫，敬待如是，
則彼方安穩，無有憂畏。

——《善生經》

解說

做子女的人應當恭敬孝順父母，
父母亦需尊重照顧子女，
善生啊！如果父母和子女各盡本分，
便能彼此安適愉快，
過幸福的日子。
做丈夫的要敬待妻子，
妻子要敬待丈夫，
善生啊！夫妻相敬如賓，
則彼此安適愉快，
無憂無慮，過幸福的日子。

如果你想生活得豐足幸福，安心在事業上求發展，那你一定要有一個好的家庭。它提供你安全感，讓你感到溫暖；它是一個避風港，是你休憩及恢復活力的地方。幸福的家庭是幸福人生的基礎，但一定要切記，好的家庭是自己創造經營出來的，它的成敗皆在你的掌上。

每個人都離不開家庭，從小在家庭中受父母長輩的撫育，跟兄弟姊妹一起成長，因此兒時的家庭生活，不但決定一個人的理智判斷，亦影響其情緒和情感的發展。快樂的童年、良好的庭訓和適當的關愛，容易使一個人走向幸福成功的人生；相反的，得不到適當的關愛和疏於管教，則容易讓人誤入歧途。

家庭對孩童和青少年有決定性的影響力，而對成年人來說，家庭也是幸福生活的關鍵。不和諧的家庭使人不安難耐，有糾紛的家庭則使人忐忑不安。

家庭是每個人生活的重心，也是成功幸福的關鍵。在我們的意識裡，它提供安全感，滿足人性上歸宿與落葉歸根的心理需要，因此在《大學》這本經典裡，便把修身和齊家列為立身處世的起點，確有心理學上的根據。

影響家庭幸福的因素很多，包括人際關係與溝通、經濟情況、身心健康的情形等等，而其中影響力最大的就是人際關係與溝通，因為它是動態的，是情緒與情感的表達，能直接或間接的影響到家庭成員的自尊和安全感。

以下我想分別就夫妻關係和親子關係兩方面，來探討和諧家庭的人際關係與交流問題。

幸福的婚姻

婚姻美滿的人，通常家庭都很和諧，相對的，父母和子女也能分享到溫暖的氣氛和安全的保障。所以，一個人早年是否過得幸福，端視父母婚姻的美滿程度而定，至於家庭是貧是富，其影響並不是很大；而長大成年後是否感到幸福，則與自己的婚姻情況有關。然而婚姻不但影響一個人的心理生活，甚至還會影響到個人的事業和前途。漢朝司馬遷研究歷史，便發現婚姻與個人的成敗攸關，因而在《史記・外戚世家》中說：「夫婦之際，人道之大倫也。禮之用，唯婚姻為兢兢。」

許多人都知道婚姻的重要性，因此刻意選擇對象，但卻很少探求如何培養美滿的婚姻，如何緩和彼此間的緊張情緒，如何挽救琴瑟失諧的狀態，而這也許就是現代社會離婚率逐漸增高、子女失去應有的溫暖的主要原因。

關於如何營造幸福美滿的婚姻，釋迦牟尼佛認為是相互對待的問題，只有互敬、互諒、互重，才能有好的婚姻基礎。他在《善生經》中說：先生應該要有好的禮貌和態度，過正常的生活，尊重和關心妻小；太太也要在生活上尊敬先生，有禮貌，言詞謙和。如果我們將這些原則加以引申，可以發現幾個培養美滿婚姻的方法。

首先要關心自己的婚姻。美好的婚姻和家庭不單是從選擇伴侶中得來，更重要的是經過一段時間的學習和培養所獲得的。許多人常懷著錯誤的觀念，等待配偶順從自己，而從未想過自己也有調適的責任；而另一種錯誤的態度是：漠不關心，抱著「合不來就離婚」的觀念。這兩種心態都缺乏積極爭取圓滿婚姻的信念，所以多少會影響其婚姻幸福。一個人要想和自己的配偶圓滿好合，就一定要關心自己的婚姻和家庭，有意去改善它、培養它，才可能獲得好的婚姻生活。

許多人以為離婚再結婚，就可以獲得好的姻緣，建立好的家庭。但從人格與適應能力的角度來看，如果消極的態度不改正，即使結婚多次，仍然很難得到好的婚姻，因為「福是修來的」，不是找來的。

其次是夫妻間的情意必須交流。許多琴瑟失調的夫妻，都是由於不能溝通情意而引起的。然而溝通必須是和諧、雙向的、互相接受、互相尊敬的，不只是透過語言，也透過表情、行動、姿勢等來溝通，而就其重要性而言，有時表情、行動及姿勢等非語言性的溝通，反而比語言溝通來得更重要。

交流是把兩個人對感情、生活、子女之類的事情拿來交換討論，相互了解並培養共識。溝通必須是真誠的交談，是平行和氣的對話；可以在茶餘飯後聊天中溝通，也可以在散步中傾談。在情意交流中，最重要的是傾聽對方的意見，真誠的表示自己的看法。傾聽別人說話，就表示自己能接受對方的意見，而能夠和氣地表示自己的意見，也比較容易被對方所接受。

在交流的過程中，要「支持」（表示贊同和鼓勵）對方，讓他說下去，這樣才不致妨礙溝通。我們必須注意，意見不同並非就是絕對的對立，即使有了截然不同的意見，在充分的了解和實際去做之後，許多歧見和顧慮就常會消失。一般來說，大部分的爭執都是因為無法容納對方的意見，以及在不支持對方說下去的情況下所引起的。

傾聽和支持對方的意見，使對方的防衛心理下降，這樣一來，什麼事情都好談，彼此不同的意見自然容易協調。

夫妻間的交流並非挖空心思，什麼都拿出來談，以討對方的歡心。這在表面看來是充實婚姻生活，但其實反而會弄巧成拙，所以我們應該以平常心去進行情意交流，這才是培養相互會心的方法。

交流最忌諱虛情假意，表裡不一致，這樣很容易喪失彼此的信任感。自己有了委屈和嫌怨，用虛假的笑容將它壓制在心裡，反而會造成情緒低落，影響夫妻的感情。自己對配偶有什麼不滿或疑慮，應該向對方說明，但切忌以傷害對方自尊的方式來處理。

此外，情意交流並非兩個人老纏在一起，狂熱的男歡女愛，這只是婚姻初期的特殊現象。正常的婚姻生活應該是漸漸變得成熟醇美，若是過於強調兩個人應該形影不離的想法，有時反而會造成悶悶不樂。婚姻應該是由兩個身心健全而相互影響和互信互助的人所組成，這樣才是健全幸福的家庭。

再來是設法消除糾紛。夫妻兩人免不了會有不同的意見，但是如果為了意見不一或一時的急躁而吵得面紅耳赤，那對彼此都是有損無益的，它不但會影響心情，還會引起身心上的疾病，如高血壓、頭痛、失眠等等。因此，夫婦之間必須有一個共同的信念：如果發生爭吵，彼此都有消弭它的責任。

爭吵就佛法來看，是一種妄念。簡單的說，無非是為了想操縱對方，防衛自己的自尊，找個理由文飾過錯或逃避責任。因此，在態度上往往採取對立的立場，在意識上總想著「你怎麼這麼膚淺」、「如果你照我的意思去做，我就不會生氣了」，就因為這樣，所以經常引發糾紛和爭吵。

其實，家庭裡的事物，並沒有什麼值得大肆爭吵的。人是生活的主體，人比任何事物都重要，犯不著為了一些小小的歧見而大傷和氣。通常，糾紛的引起並不是歧見本身，而是爭吵者出於自願。如果能體認到爭吵與否是由自己作主的，便能免於糾紛的苦惱。以下介紹幾種避免爭吵的原則：

- 要注意，誰也不可能時時刻刻都了解你。一旦明白這一點，你就不會因為對方不了解你而生氣爭吵了。
- 對方沒有理由不分青紅皂白地接受你的意見。接受的過程是了解，而了解是需要時間來做冷靜的討論。

●不要把對方的事當作自己的事。記得要避免嘮叨，重要的事予以重視，小事最好一笑置之。

●對方堅持己見時，多說自己的感受，少做責備與批評。當雙方的火氣上升時，應及時停止，立刻控制；暫時放下不談，可以防止爭吵的爆發。

●快動肝火的時候，要告訴自己：「明天我再好好地臭罵你！」這樣容易忍住一時的氣憤，等明天事過境遷後，自然重歸於好，那時你想大動肝火也動不起來。

●當你正想發脾氣時，記得接近對方，握住對方的手，放低音調，自然會使氣氛改變，恢復平靜。

最後要放下不合理的欲求。人是不會饜足的，某些欲求得到滿足，新的欲求就會更進一步的出現。婚姻關係中，對配偶的要求也是一樣。全然美滿的婚姻關係，只是理想上的渴望，事實上是辦不到的。

在人世間，要找到真正的郎才女貌，天造地設——女的溫柔婉約，美艷多情，體貼入微；男的才識過人，超群有為，通情達理，事實上是不可能的。然而，正因為許多人有這種過分的要求，因而造成互相恩愛的障礙。有的人為了要實現男子氣概而過於做作，反而造成生活上的負擔；也有許多女士為了得到對自己容貌的讚美，而大感困擾。

有的人把自己的婚姻拿來跟別人比較，在配偶面前讚美別人的美滿恩愛，豔羨別人的功成名就或溫文體貼，到頭來只是傷了配偶的自尊，破壞自家的和氣。羡慕別人的恩愛，埋怨自己的福薄，並不能提升自己婚姻的幸福。事實上，每一對夫妻都有自己的特質，是不能相互比較的，而別人家的優點你無法抄襲，更不可能勉強模仿。美滿婚姻的唯一之道是相互尊重與鼓勵，從不斷的適應與改進中，學會互相欣賞優點，互相體諒與包容缺點。

現代人很講求性滿足，卻不知道性滿足是一種主觀的因素。由於性的開放與傳播媒體的大肆渲染，夫妻間在這方面的要求便盲目的提高，甚至花樣翻新，要求如痴如醉、欲仙欲死的境界。但這樣到頭來免不了失敗挫折，更可笑的是當自己達不到虛幻中的標準時，卻懷疑自己「無能」，而帶來心理與生理上的痛苦。

夫妻彼此的要求不能過高，不合理的要求就是自己的「妄念」。夫妻之道重在建立健全的家庭生活，而這生活要在現實中追求，不能在幻想妄念中度日。一味的要求自己婚姻越好，越會覺得自己不快樂，但如果放低標準，不過分苛求，婚姻反而會美好起來。

婚姻甘苦在人為，真的關心自己的婚姻，就得主動改正和適應。改進之道要從情意的交流開始，努力避免糾紛和過分的苛求。知足使你快樂，改進使你享受碩果，它好像車子的兩個輪子，讓你的家庭生活運作裕如。另外，使婚姻真正快樂的是彼此欣賞和愛護對方的特質，佛羅斯特（Robert Frost）曾說：「我們對萬物之愛，是愛其本來面目。」

如果我們不把對方視為是自己的從屬，期待他成為自己心目中的人物，而能彼此接受，這就是真愛至福。

和諧的親子關係

父母與孩子這兩代間的關係，包含了自己對父母和自己對孩子的關係。前者的主要問題是孝養，後者的主要關鍵是教養，能夠把這兩件事處理好，生活就能過得恬適任運，否則就會困乏不安。

不管你喜歡或不喜歡你的雙親，情感上是否跟他們水乳交融，自己與父母之間總存在著特有的感情，它是由臍帶所演化出來的連帶關係，這種情感深處的牽連，使潛意識深處埋藏著對「老家」的懷念。我們在冷靜與睡夢時，獨處或孤立時，挫敗與無助時，成功及躊躇滿志時，特別會喚起那份來自臍帶的訊息，無論你多麼努力於尋求獨立，無論你多麼茁壯，這份天生的親子特殊情感，永遠不會消失，永遠與你相依隨。無論父母親對你關心的方式如何，他們的施予都存在著一種「父母愛」，那是無法忘懷的。古人說：「天下無不是的父母。」固然引起許多爭議，但就心理意識來看，父母的表現雖因知識及性格不同而有品質的差別，但那份與生俱來的情感是不容懷疑的。

因此，孝順是一個心理學上的現象，同時也是倫理學上的重要課題。孝順不是義務，而是一種自然的心理需要，你如果把孝養置之不顧，那麼內心裡將永遠存在著不安，造成相當程度的焦慮感。因此，孝順不只是「老者安之」單方面的問題，同時也是自我「安之」的問題。

許多人在父母生前不克盡孝，父母過世後反而覺得不安內疚，甚至有些子女還在父母靈前懺悔落淚，道出自己內心的慚愧與不安。古人說：「樹欲靜而風不止，子欲養而親不待。」那種無法挽救的「生之缺憾」，是多麼悵惘難耐呀！

從前楊黼離別雙親，到四川去拜師學佛。他在路上碰到一位老和尚，那和尚問他上哪兒去，楊黼告訴他要去拜無際為師，於是那和尚說：

「與其去找菩薩，不如去找佛。」

楊黼問道：

「佛在哪裡？」

老和尚說：

「你回家去，看到有個人披著毯子，穿反了鞋子來迎接你的，那就是佛。」

楊黼便掉頭回家，抵家時已是深夜了，他母親在睡夢中聽到兒子叫門，高興得來不及穿外衣，披上一件毯子，匆忙間還穿錯了拖鞋，趕緊出來迎接兒子。楊黼看到母親這一幕，立刻大悟，此後便專心侍奉雙親。這則故事似乎在告訴我們，孝順是人的基本天性，順著這個本性，才叫做無造作，也唯有不造作，才能趨近「空」與「淨」的真理。

在《善生經》中記載釋迦牟尼佛對親子關係的教誡，是從相對關係加以解釋的。他認為子女要奉養父母，要尊敬恭順，要繼承善良的行為，而父母則要教育子女，慈愛照顧，供孩子成長所需；親子間如果能夠這樣彼此尊敬，慈愛敬順，就能內心安穩，無憂無畏。人只有在對「己身所從出」的父母建立良好的孝養關係，才不致否定心靈深處的根源，造成孤立斷脫的憂懼。

中國儒家最重視孝道，在《孝經》裡，孔子曾為曾子解釋孝的道理，把孝順當作是一種小自家庭、大至天下一切社會秩序的法則，同時也是天地自然的根本理則。孔子認為「罪莫大於不孝」，不孝不但造成社會秩序的紊亂，更重要的是破壞心靈上安穩相屬的平衡感，使心靈發生游離與不安，緊隨而來的是無盡的向外做過度的防衛與爭奪。我深信越是在親情上處理不好的社會，民風越會敗壞，心理的孤立與無助感也就更嚴重。

孝順是治療心靈深處不安的良方，當你心平氣和地跟年老的父母交談，多給他們一點溫暖，容忍他們的嘮叨，給他們發表意見的機會，讓他們感覺仍然受到重視時，自己也會相對的豐足自在起來，而且產生擴大生活空間與紮根的喜悅。這種現象不是意識所能感受的，因為父母就是我們遺忘了的「老家」。他們善待過我們，撫育過我們，因此我們在潛意識裡充滿著對他們的依賴，以及對父母愛的反哺。如果我們對這種潛意識加以抑制，就必然會在心理上產生強烈的憂畏與緊張，我想這就是孔子在《孝經》中所說的：「夫孝，天之經也，地之義也，民之行也。」的心理學注腳。

在《孝經》中，孝是活生生的親子關係行為和心理反應，其對古代的天子、諸侯、士、庶人等應如何盡孝道，各有不同的說明。我認為那只是適應個別的角色來說明孝行而已，就如同現代人所從事的各行各業不同，經濟生活情況各異，而孝行也有了不同的表達方式一樣，不過孝順的本義和通則並無兩樣。茲歸納《孝經》中孝順的通則如次：

- 照顧父母親的生活，盡撫養的責任，使父母和自己雙安。
- 要有好的語言溝通，彼此和顏悅色。有好的態度，才能使父母和自己均沾喜悅。
- 要努力工作，勵志善行，把自己的工作做好，做一個成功的人。父母親得到安慰，經濟生活也得到改善。

- 身心要健康，因為它得自父母，所以珍惜自己的身體，就像珍惜自己的父母一樣。
- 孝順是從事親開始，而最終及於為國家社會服務，它表現了自我實現及對父母的回報。

孝行顯然是人類追求置根的人性表現。每個人在幼小的時候，都需要父母的保護和養育，而父母像是唯一的天然城堡，所以在兒童幼小的意識裡，便把父母當作呵護的力量，在感受上它很像神、很像天，所以有些人乾脆稱它為「天」。孔子把孝稱為「天之經也，地之義也」，確有其心理學上的意義。因此，無論你多麼強壯，而父母已經老邁或過世，曾經呵護過你的父母親，仍然會內在化，成為精神生活溫慰的源泉，和心志不斷成長的力量。孝行有助於鼓舞這個內在的精神力量，能夠實踐孝行的人，必然能提升其心志，在心理生活及事業上獲得成功，那也就是孔子所謂始於事親而終於報效國家的道理了。

親子間的另一個關係是父母對待子女的行為。前面已經說過，父母與子女間的倫理關係是相對的，父母必須「敬視」子女，發揮正確的關照，才是慈愛的表現。慈愛就心理分析學家的看法，至少必須包括四個素質，即關懷子女的身心成長，對他們負起責任，尊重其天賦與個性，同時要有足夠的知識來了解子女成長和教養上的方法。

父母對於子女一方面要養，一方面也要教。養是提供身心發展的環境和條件，教是對其智慧和品行的指導與訓練，這兩者不能截然分開，而是相輔相成的。《善生經》上說：制止孩子為惡，指授其向善發展，慈愛地使其透徹變化氣質，時時供給其所需，均不出教養二事。注意教養二事，則家庭溫暖幸福，常保親子和諧，子孫昌盛。

有好的子女，會使自己感到豐足和安慰，所以教育子女要特別注意培養其優美的品德，這樣就不怕世途險惡。培養子女的美德應該注重其智慧、自信心、熱心、慈悲心、適應能力和喜悅的心情。

智慧不是一般人所謂的知識與智能，而是一種良好的適應能力和待人處事的中肯方式與態度。智慧不是從訓誡中得來，也不是從書本中得來的，而是從生活適應、遊戲和藝術中得來的。它表現於人與人之間，蘊藏在自己和大自然之間，最後化為喜悅、親切和豐足的態度。智慧不只是開啟創造性生活的性靈，也是生活自在幸福的基礎。佛經上說：

大智慧到彼岸。

當一個人能夠常行智慧，不受種種愚迷和成見所束縛時，心量大得像虛空一樣廣闊，自然能涵藏種種真知灼見。智慧與心理生活空間有絕對的關係，想給孩子較好的心理生活空間，父母就必須從旁適當指導，給予孩子較多自治的機會。

人總免不了要應付許多艱難和危機，要辛勤地度過許多考驗，但克服困難和解決問題必須要有信心，有自信才有把握，才能自我肯定，冷靜地說一聲是或不是。所謂「信心不二，不二信心」，就是指有了真正自信的人，就再也不會猶疑不決或心生畏懼了。

自信心來自於成功的經驗，所以父母親若能發現子女的興趣，相信他有能力勝任，鼓勵他嘗試，慢慢加以誘導，就可以讓孩子嘗到成功的喜悅，從而建立信心。信心一旦建立起來，這種對自己肯定的態度，便可以遷移到其他方面，乃至對整個人生的信心。有信心才有膽識去解決問題，才有胸襟關懷自己、家人和社會，所以，有信心就是社會上有用的人才。

熱心則是待人和處事的動力，沒有熱心就不能成大事，有時連小事也做不成。熱心是在待人方面表現出熱忱，樂於與人親近，而且不分貧富老少，都能時時表現出平易近人、樂於協助他人的態度。而在處事方面，熱心則帶給我們百折不撓的態度，以及積極進取的精神。

人類的熱心是天生就有的，無需特別訓練，只要父母能留意去保護它，不被成人無意摧折破壞，便可以滋長出來。孩子們對許多事都會表現出熱心的態度，而在大人眼中，他們的熱心有時熱絡得滑稽可笑，但是你千萬不可以加以批評或潑冷水，這樣就會澆熄他們的熱情和動力。孩子們往往為了幫父母做家事，會賣力地額外多做些什麼，把無需整理或清洗的東西也一起拿去洗刷，這時大人們往往就會給孩子潑冷水，而使他們漸漸失去他的熱心。這時，我們應該做的是指導他工作的方法，而對他純淨的熱心，則要給予鼓勵和讚美。

孩子們對於生物的痛苦和死亡最為敏感，所以他們常會表現出強烈的同情和憐憫，而這種惻隱之心（慈悲心），則可以發展成人類最了不起的友愛。

友愛不但是尊敬別人的美德，同時也是人類互助的天性，它是人類不斷進步、相互提攜、克服困難的憑藉。在家庭裡，時時保持著友愛的精神，鼓勵他們關懷需要幫助的人，同情心的火種就一定永不熄滅。

適應力是一個人生活得稱心滿意的保證。現代社會的生活環境和條件隨時都在改變，所以人必須應付變化，因此適應力便成為一種重要的本領，它跟安全感息息相關。畏首畏尾的人通常在適應上會大打折扣，而一個沒有獲得真愛的孩子，其安全感會受到威脅，適應能力跟著下降，明顯不如別人。

適應要在鍾愛、鼓勵及勇於嘗試的環境下培養。適應有兩種方式，一種是應用想像力去克服困難或解決問題，它改變了生活的環境與條件，使自己生活圓滿；另一種是改變自己，讓自己有足夠的耐力和勇氣，能夠接受困境和折騰，這就是容忍和毅力。這兩種適應能力都要從父母的以身作則中加以調教，才會有好的效果。

喜悅的心情是決定一個人是否感到快樂和充滿希望的自我感覺。在人類所具有的美德中，喜悅的心情是最重要的品德，它既屬於倫理的，又屬於性情的，是人類精神生活的空氣，一旦失去它，我們的精神生活就會窒息。父母能夠常常心懷喜悅，才可能養育出活潑快樂的子女。悲觀、懼怕和憂鬱，比流行性感冒更容易傳染給兒童，所以如果家裡能夠充滿快樂喜悅的氣氛，孩子天生的喜悅與樂觀就很容易滋長起來。

幸福的家庭由夫妻與親子兩種關係所組成，一旦關係和諧，許多美德和歡樂都能夠從中散發開來，那就叫做任運，就是真正的幸福。而這種追求幸福之道，正是佛法的要旨。有一次一位弟子問六祖慧能，在家應如何修行？六祖答：

心平何勞持戒，行直何用參禪；
恩則親養父母，義則上下相憐；
讓則尊卑和睦，忍則眾惡無喧；
若能鑽木出火，淤泥定生紅蓮。

六祖肯定了在家修行的重要，也肯定家庭倫理就是一切德行的基礎。如果能夠不斷努力，像鑽木出火一樣至誠，那麼就可以在淤泥中長出光豔美麗的蓮華，得到好的果報。所以，追求幸福就一定要從家庭開始做起，因為它是一切幸福的搖籃。

玖

創造自己的命運

佛法

一切福田不離方寸，
從心而覓感無不通，
求之在我。
不獨得道德仁義，
亦得功名富貴；
內外雙得，
是有益於得也。
若不返躬內省而徒向外馳求，
則求之有道而得之有命矣。

——《了凡四訓》（雲谷禪師語）

解說

一切幸福都要從心理做起，
避免錯誤，勇於改正，
則所求沒有不應驗的，
一切全看自己。
懂得奮力自強的人，
不但內在的道德仁義有所精進，
外在的功名富貴也必有所收穫。
能夠內外兼得，
才是真正有大利益的收穫。
人若無法反省檢討而一味向外追求，
即使拚命鑽營，也要受命定所纏縛。

命運是一個人長期適應環境的軌跡，一個環境適應力好的人，運氣或命運都會跟著好起來，相對的，適應能力差的人，他的運氣和命運也會跟著壞下去。

什麼叫做適應力呢？這要從俗語所謂的「福至心靈」說起。運氣光顧你並非偶然，而是經過採取適當行動的結果。你的態度越積極，採取正確的行動越多，就越能克服眼前的問題，並能負起責任，內心也會覺得心安理得。能夠這樣做，思考就會更加清晰，對事物的回應能力也會更中肯，使自己處於順境循環中，這就叫做走運。很明顯的，一個人是先有正確的反應和態度，才引發一連串的正確行動，而獲得好的運氣和命運。所以我們應該說：靈敏且正確的思想與行動，會帶來好運和福氣，而非福氣帶來正確的思想能力。

許多繼承豐厚家產的福子福孫，他們是先有了福氣，但是在心靈方面卻沒有得到好的陶冶和訓練，所以很快就傾家蕩產。從表象來看，這似乎是命運不好，但事實上，這霉運是自己引起的。他們往往把錯誤推給命運，從不加以改正或採取正確的行動，而這種歸咎他人或命運的想法，更是助長了聽天由命的消極心態，使自己坐失良機，陷自己於困局。

每一個人都經歷過失敗，但如果把失敗歸之於他人或社會，歸咎於命運的安排，那就無法從失敗中獲取教訓，就失去了轉敗為勝的契機。相對的，每一個人也都有成功的經驗，但如果不把成功當作是一種轉機而善加應用，就會脫離成功的軌跡，最後走向失敗。命運就像一個駕駛盤，它完全掌握在自己的手裡，所以我們要時時提醒自己「避免錯誤，勇於改正」。

命運是人格特質的表現。什麼叫做人格呢？心理學家認為它是個人通常行為的特質，也就是一個人處理日常生活事物的行為特性，而表現於其思想、態度、表情、興趣、行為方法和人生價值上。上述特質確實是命運的素材，因為思想和態度決定了生活與事業。心理學家佛洛姆強調：人格是一個人的命運，它不但決定一個人的幸福與否，更決定其成敗。

一個具有積極思想和態度的人，就有足夠的能力創造命運。現代人大部分都知道日本的豐田汽車公司，但很少人知道豐田的締造者豐田佐吉。其實豐田佐吉只是個窮鄉僻壤中木匠的兒子，完全靠著自修，歷盡艱辛，才完成他的發明工作。這麼一個想要從事發明的人，竟然是站在教室外旁聽的少年；一個致力於發明織布機的人，竟然被村人認為是瘋子而受盡奚落，被父親認為不務正業而趕出家門。但是豐田還是抱著積極的思想與態度，在饑寒交迫的日子裡，不斷的努力下去。而最令人讚佩的，是他二十四歲那一年，因聽說東京上野舉辦了一個博覽會，會中特別闢有機械館，他便排除萬難，隻身來到東京。

到了會場，他每天都擠進機械館內，仔細的觀察，慢慢的領悟，一日復一日，轉眼就過了兩個星期。就在第十五天，館內的管理人員以不屑的口氣對他說：「我看你這個草包，乾脆回家算了，反正你也看不懂，趕快滾吧！」豐田聽到管理員叫他滾，不禁板起臉來說：「我才不是呆子，沒事在這裡閒逛。我是有心要研究機械才到這裡來的。你看看！這個機械館內所展出的機械，有哪一部是日本人做出來的？你也是日本人，難道不覺得慚愧嗎？」管理員被他這麼一說，只好讓他看下去。

他看了二十天，回家再繼續研究，終於完成了設計圖，製造了豐田人力織布機，不但比原來從法國進口的機器省力，而且生產量還增加了二分之一。接著豐田又發明了應用汽油、電氣帶動的動力織布機，並組成了豐田紡織株式會社，而且再接再厲，化不可能為可能的，於一九二六年完成了全自動織布機，其性能之卓越，一個人可以操作五十部機器，比當時英國生產的機器要好兩倍。他從紡織機起家，然後開始憧憬著汽車工業，且在他的策劃下，由他的兒子建立起來。今天，豐田汽車已經遍銷全球，但我們似乎只注意到豐田的經營方式和技術，很少注意到豐田先生所締造下來的支配豐田汽車公司的命運之手——一種積極的思想和態度。

豐田從少年時代開始，命運就頗為坎坷，倒楣事接二連三的襲擊他，但他並沒有聽天由命的心理，而是用一種積極的態度來應變。這使他竭力去控制自己，因而扭轉了命運。他在少年時代相當體弱多病，卻用毅力訓練自己，因此恢復了健康。他沒有錢上學，就用旁聽和自修的方式，不斷的充實和增加自己的知識。他受到許多奚落和委屈，但卻意志堅定，不停的努力。甚至在創業初期，他的合夥人把賣機器的錢全部吞占了，豐田不禁傷心的掉下眼淚，但他心胸寬大，反過來更積極的籌措經費，終於再度將公司經營起來。我們可以看到在豐田的性格上，處處顯示扭轉命運的特質。

每一個人都會遭遇到失敗，但我們必須認清：失敗只是邁向成功坦途的一種試煉，所以關鍵不是在有沒有失敗和挫折，而是在我們用什麼樣的態度去看待失敗。我深信，唯有經歷過失敗和挫折，才會有成功，甚至才能領會成功的真諦。也就是說，當我們能把失敗轉變為積極價值時，就能創造出一個新的機運。

輕易得到成功或不勞而獲，有時是一個人的禍根。成功太早的人，多半不能繼續有活力的努力下去，有時甚至會失去生活的歡樂和創造性，由躊躇滿志而變得墮落。換句話說，輕易成功和太早成功，如果往後的磨練不夠，便會失去意志力。因此我們必須重視個體心理學家阿德勒（Alfred Adler）所提出的「自卑與超越」的心理歷程。也就是說，一個人受到挫敗之後，若能從中獲得超越的動機，失敗就是一種激發心志的力量，從而轉為對生活有積極性的貢獻。

許多父母總費盡心思的，設法防止子女遭遇失敗，這原本是無可詬非的，但是如果所用的方法不是積極的協助，使他建立信心和對失敗的正確態度，那麼孩子就很有可能失去有效駕御自己命運的能力。從心理學上來看，成功的結果只是不斷鼓勵重複現有的正確行為，因此在教導上，有時必須由失敗的教訓來彌補。透過失敗的教訓，使人們能勇敢的自我檢討，從而學習一種積極和不斷檢討改進的能力。

愛默生曾說：「一個人的成功是由多次失敗構成的，因為他每天試驗和冒險，失足的次數越多，前進的速度越快。」人如果能在成功中學會信心和活力，在失敗中學會改進和毅力，便算已學會了掌握自己命運的契機。

然而人們往往因一念之差，而變得頹廢喪志。有位先生罹患癌症，但已經痊癒好幾年了，卻總是抱著消極悲觀的態度，整天無所事事，而且脾氣也變得古怪暴躁，讓家人很難跟他相處，甚至全家人的生活常因此而陷於憂愁的氣氛之中。其實他應該改變心志，負起責任，採取積極的行動，讓自己過正常的生活，因為只要去做一些積極的事，心境就會好起來。

莫雷就是一位能從頹勢中扭轉命運的加拿大青年。他於一九七五年在田裡耕作時雙手被機器絞碎，為挽救他的生命醫生將他的兩隻手臂都截肢，住院六個星期後才出院返家。他知道自己已經從一個能獨立生活的人，變成毫無辦法照料自己的殘障人士，可是他並沒有絕望，反而意志堅強的決定仍要繼續務農，且相信自己可以達到預期的目標。不久，他開始裝上義肢，訓練自己運用義肢的鐵鉤來開門、使用電鬍刀、替小孩換尿布、飼養牲口，甚至學會駕駛小貨車和曳引機，而重新過正常人的生活。

在這過程中，莫雷每天都要克服許多難題，例如旋轉一個油塞、轉動一個螺絲等，這些動作對正常人而言不過是反掌折枝之事，但對他來說，卻處處充滿挑戰。不過莫雷並不氣餒，他仍然耐心地處理問題，求取成功，創造了了不起的生活，為自己再造全新的機運。

一個人是否能夠扭轉命運，創造成功的事業和生活，除了要充分了解失敗的意義之外，還要懂得為自己安排好的運氣。俗語說：「運隨人轉。」一個人若能具備某些條件，就能逢凶化吉，處處顯得運氣比別人好。

首先，要對自己有信心，而且要就反省所得真正的身體力行。一個人對自己遭遇的觀感，決定了當時的心境和應付挑戰的能力，因此如果我們從損失的一面來看，就容易顧影自憐，甚至產生憎恨或敵意，到頭來滿腦子憂慮和忿怒，則消極性的想法便會增強自覺委屈和抱憾的心理，這時最容易心灰意懶，喪失清晰的判斷和進取的態度，開始墜入真正的楣運。反之，如果能維持正確的信心，便會採取行動，突破一時的僵局，負起改變現況的責任，再度獲得欣喜和心安的感覺，眼前的處境便會有小小的改善，而許多小改善將累積產生大的改善動能。

一位朋友說，他曾有過潦倒的日子，處處不得志，事事不順遂，後來連妻子也病逝了，留下嗷嗷待哺的四個小孩，但他的心裡總是保持著信心，相信只要不斷努力，通過一段崎嶇道路後，就可以步入坦途了。這樣的信心帶給他新的經驗，改變了他的命運。他打工，做買賣，經濟生活開始有了慢慢的改善，最後終於成功地經營一家生意鼎盛的飲食店。

好運者的性格

一個好運的人總是在性格上表現出獨有的行為特質。心理學家甘塞（Max Gunther）曾寫了一本書叫《好運的因素》（*The Luck Factor*），討論運氣的本質。將書中的資料加以歸納整理，我們得到以下幾項好運者的性格特質。

結交朋友，廣結善緣。幸運的人通常都愛交際，力求平易近人。他們不介意跟陌生人交談，喜歡參加各種團體活動，欣賞別人的優點，並且對別人表示關心。俗語說「出外靠朋友」，在人際互動頻繁的現代社會裡，朋友多，不但提供你安全感和信心，而且也是社會生活的主要資訊來源，同時還是讓你立於不敗之地的基石。一般來說，運氣最好的，都是交遊廣闊的人。

一位朋友經商失敗，家庭經濟面臨困境，妻子離他而去，留下兩個小孩。他的朋友知道了，便主動邀他前去，替他安排一份臨時的差事。過了一段時間，另一位朋友又為他介紹一樁生意，雖然讓他每天從早到晚忙忙碌碌的，但新的事業卻欣欣向榮，很快又恢復昔日的幹勁，充滿十足的活力。他說，朋友扭轉了他的命運，給予他生活的勇氣。

事實上朋友不但能帶來互助與安全感，另一面也能啟發一個人的進德和修業。記得我在大學三年級時，與系裡頭十餘位同學組成讀書會，每星期總有一天聚集在政治大學的學生活動中心，彼此報告和討論心得。那個讀書會維持到畢業前才結束，而那段日子讓我收穫很多，現在回過頭來看，那十餘位伙伴有的成為學者，有的成為教育家，有的成為企業家，三分之二以上都獲得碩士學位，其中獲得博士學位的有三位。《禮記・學記篇》裡頭說：「獨學而無友，孤陋而寡聞。」一個不懂得交朋友的人，無論做什麼事，都免不了會有孤陋寡聞的毛病。

然而，結交朋友並非盲目的相處，而是貴在「了解與尊重」。在交友過程中，你是自治的，是主動交際的；交友建立了「善緣」，因而導向互助與友誼；交友提供了許多選擇和思考的機會，但不是一廂情願的聽從。

好運者同時能發揮前瞻力。每個人其實都有識破真相的前瞻力，而善於應用前瞻力的人，運氣也一定比別人好。什麼叫前瞻力呢？那是指根據仔細觀察、思考和銘記在心的事實資料，所做出來的結論。它不是你一時的即興靈感，而是平常就留心注意，而貯存在你意識中的資料，經過醞釀之後，產生出來的預感。

據說旅館業巨子希爾頓（Conrad Hilton）在事業上成就輝煌，部分是歸功於敏銳的前瞻能力。有一次他要買下芝加哥一家舊旅館，業主招標出售，他投了十六萬五千美元的標。當天晚上他總是覺得不自在，有股強烈的預感認為：一定投不中，於是他再投了一標：十八萬美元，結果這標是最高的標額，次標是十七萬九千八百美元。希爾頓的前瞻能力並非來自一時的靈感，而是憑藉著他蒐集許多資料後所產生的結論。從他年輕時買下第一家旅館之後，就不斷蒐集有關旅館業的資料，當夜他投標芝加哥那家旅館時，無疑地對可能和他競爭的對手了解甚多，從而在意識裡再度浮現一種正確的判斷。《中庸》上說：「至誠則靈。」所以前瞻力可以說是由寧靜和誠心所醞釀出來的。

要怎樣才能使自己的前瞻性預感變得落實可信呢？沒有別的辦法，只有透過蒐集資料和仔細觀察，然後做明智的判斷。專注於你的工作和生活，竭盡所能去蒐集資料，在研判事情的發展之後，往往會有一種預感，那種預感就是決策者智慧的結晶。不過有兩點必須注意：第一，不可信賴僥倖的前瞻性預感，例如賭博或買彩票；第二，千萬不要把自己的希望和前瞻性判斷混為一談。古人說「寧靜致遠」，一個內心不存在妄想和雜念的人，他的靈感便會與事實相結合，成為一個具前瞻性的判斷。許多大企業家都有這種能力，但這種卓越的能力並非來自偶然的意念，而是來自對事情的省覺和自心的淨定。佛學上說：

心地無癡自性慧，
心地無亂自性定。

當你能安靜下來觀察和省思時，想像力和事實資料便會相互結合，而成為創造力。相反的，若是心有旁騖或妄念，想像力就會與妄想結合，而成為錯誤的判斷。《大學》所謂靜、定、安、慮、得的心理運作過程，又何嘗不是在揭示這個道理。

果斷與勇氣也是掌握好運的必要條件。俗話說：「機會只敲一次門。」如果你遲疑而不及時迎接，機會就不會再對你垂青。機會總是稍縱即逝的，因此缺乏果敢的人，便會坐失良機，事後悔恨不已。具有好運性格的人，通常是比較大膽的，而膽小且狐疑不定的人，相對的較不容易交上好運。不過我們要認清楚的是，果敢絕非魯莽，如果你把全部積蓄孤注一擲地去從事一項冒險的行業，那就不能算是果敢，而是魯莽了。但如果有機會從事令人興奮的新行業，即使前途難卜令你害怕，你還是毅然決然的全力以赴，那就是果敢。

台塑關係企業的負責人王永慶，在多年前開始經營塑膠工業時，它顯然還是一項新的事業，而且當時國內還有比他更有財力的人，但是並沒有像王永慶那樣果敢。由於他的果敢，證明這項投資是對的，而且帶給了他好運，而好運更增強了他的敏銳觀察、正確預感和果敢的決定。他能成為國內企業界的第一把交椅，顯然跟他自行淬礪出來的好運性格有關。

生前有極佳運氣的石油業億萬富翁蓋帝（J. P. Getty），也是一位果敢而肯深入蒐集一切事實的人。他在掘油井的投資上，最初也嘗了敗績，但一九一六年他開到了第一口大油井後，便使他發達起來，那時他才二十三歲。他說，雖然已經蒐集了許多資料，但又怎麼知道大油井能開採出油來呢？「總得肯碰碰運氣。但如果你堅持要有十分的把握，那你就會一事無成。」能以果敢的精神多闖多試，好運自然容易降臨。但果敢並不是賭注，而是一種膽識，是由冷靜所孕育的「大雄大力」。

未雨綢繆則是常勝的關鍵。甘塞指出，好運的人，通常只要運氣一變就會立刻打住，不讓自己吃大虧。但這種時機稍縱即逝，一旦錯過，處境就會每下愈況，終致泥足深陷。有一位年輕化學師離開小礦務公司，到大公司裡去另謀高薪的職位，但他太太和原公司的老闆都相信他不容易在大公司裡出人頭地，老闆還在他離職時對他說：「隨時歡迎你回來。」幾個月後，他發現他的職務和前途都跟他應聘時所想的大相逕庭，這時他應該是及時打住，好減少損失，另外謀求出路。但他還是決定觀望下去，等到他終於斷定自己所面臨的情況並非是暫時性的時候，已經無法挽回了。

具有敏銳反應能力的人，才能察覺事態的真相，並及時自救。一位從事股票生意的幸運者羅伯（G. M. Loeb）曾說：「知道在什麼時候拋售，並且膽敢放手，這才是成功的必備技巧。」

此外，創造好運的人也常會居安思危，經常戒備和防範。一位成功的水果批發商告訴我說：他每一次批購水果，總是先想好要是銷售不出去時，有什麼方法可以補救。他說，很多人以為預做悲觀的想法會帶來運蹇，而事實上那是好運的守護神。蓋帝也曾說：「我做買賣時，主要的顧慮之一是萬一出了紕漏的時候，要怎麼救自己。」孔子也說：「必也臨事而懼，好謀而成。」一個懂得未雨綢繆、凡事居安思危的人，好運總是會對他流連忘返的。

立命的哲學

就佛教的觀點來看，命運就是一般人所謂的氣數，受因果法則所支配。命運是過去既定的原因所導致的結果，所以又稱為宿命論。事實上，因果法則並不限定於宿命論，因為過去的因既能產生現在的果，現在的命運是過去所造，那麼在有生之年中，現況必然也是過去所造。進一步來說，如果一個人隨波逐流，不求上進，那就是認命，就要被氣數所拘，自己做不了主；但如果懂得改過、積善，就能發軔，重新立命。

明朝袁了凡所談的立命之學，就是創造命運的生動例子。袁了凡原名黃，年幼時候父親就過世了，因此母親要他放棄科舉，改學醫學，好有個一技之長。有一天他在慈雲寺遇見一位孔先生，他精於易數，便為袁黃算命，告訴他某年他會考第幾名，某年會當補廪，某年當貢生，貢後某年當選四川一縣令，五十四歲要壽終正寢，還告訴他說他沒有後代子嗣。袁黃在以後的歲月裡，每一件事都應驗，於是非常消極，澹然淡泊，終日靜坐。

有一天他在棲霞山遇到雲谷禪師，為他解說立命之學。雲谷禪師告訴他：命是由自己創造出來的，佛經上明明白白的說，求富貴得富貴，求男女得男女，求長壽得長壽，怎麼自己會做不了主呢？雲谷禪師對他說：「過去的種種過錯，不要再去惦記它；以後的種種生活，要好好努力把握，命是從今天開始締造出來的。人生下來固然有定數，但是只要在義理品格上努力，就能突破天數。孔先生算你不登科，不生子，這是天數，但也是可以突破的，其要訣就是提升自己的品格，多做善事，多積德行。一個懂得自己造福的人，沒有不享受豐厚福分的，《易經》一開始就揭示：『積善人家必有餘慶。』這是值得肯定的。」

袁黃於是改名為了凡，發心行善，改掉消極的思想，發願不斷行善積德，並做心靈上的修養，努力不懈，終於改變了自己的命運，日後不但中舉，為明朝貢獻自己的才學，而且還晚年得子（後來也中舉）。他一直活到七十四歲，處處逢凶化吉，其功績與著述都很豐富，《了凡四訓》就是他寫的。

雲谷禪師怎麼教袁了凡改造自己的定數呢？秘訣究竟為何？這在《了凡四訓》一書中說得很詳細，現在我們就用心理學的眼光來解釋它的道理。雲谷禪師告訴袁了凡說，只有庸俗的人才會被天數所拘，而精進行善之人，天數是拘束不了他的。一個人如果認命地被天數所拘，那就是凡夫，而如果能夠創造行善，就能立命而扭轉命數。

怎麼樣扭轉命數呢？雲谷禪師提出的原則是從修心開始。修心就是陶冶人格，提升品行，從而發展自己的潛能與智慧，而使自己成為真正的成功者。這樣不但可以得到生活的道，同時也得到功名富貴。雲谷的立命之學有兩個重點，即改過與積善。

每個人都可以從日積月累的改過遷善及自我醒覺中，走向成功的道路。因為善念和善行，可以促使人的心智不斷成長，正因為如此，要想解脫厄運、改造命運，就非得從反省改過與遷善開始不可。每個人都有一段未省覺前渾渾噩噩的過去經驗，它很容易塑造出不良的習慣或不正確的意識觀念，這些觀念和行為方式，正引導我們走向某一厄運或災難。例如粗心大意和急躁的習慣，對於汽車司機而言，就可能會招來車禍；對於一個商業人士而言，可能會導致血本無回。

有位機車騎士，從小便養成急躁的習慣，先後發生兩次車禍，但他總把責任推給命運，從未檢討自己的行車習慣，最後在東部的公路上，與一輛卡車互撞而慘死。另外，有位陳姓商人好不容易克勤克儉的經營一家略具規模的五金行，有一次他賣出一批為數可觀的建材，對方以定期支票付款，於是陳姓商人要求對方另覓一位可靠的商人背書，於是三個人很高興地去館子裡吃了一餐。這件事一直到支票遭到退票時，才發現那張支票並沒有背書，他們只顧著高高興興的吃吃喝喝，卻忘了要求那位作保的人背書。這筆血本無歸的生意，也是源自於粗心大意。

人若能反省改過，改進缺點，增加優點，凡事就能有勝算的把握，這就是孟子所謂的：「求則得之，是求在我者也。」一個學佛的人，總是從日常行為中去反省，去自覺，去涵養，去提升，這樣漸漸使自己心志改變，學會自我控制，那就有了感應。一個有「感應」的人，當然可以求富貴得富貴，求子孫得子孫了。命數似乎與潛意識有關，當我們努力使自己清醒，培養心性時，它的支配力量就會消失，而又再度操之在自己手中。

反省與改過是醒覺的基礎。在心理學上，我們把一個人了解自己、接納自己和實現自己叫做醒覺，也就是說，一個醒覺的人知道自己有所能，同時能做到自我控制。像這樣的人，當然會走向光明成功的人生。雲谷說：

從前種種譬如昨日死，
從後種種譬如今日生。

能夠改過的人，就會像古人所謂「苟日新，日日新，又日新」一樣，前程面臨一片好景。

行善真能夠積陰德，並改造自己的命運嗎？當然，一個日行一善的人，必然會念茲在茲，使自己的思想發生變化。他所看到的光明面會越來越多，在光明面上不斷成長。一件事通常有正反兩面，有黑暗的一面，必然也會有光明的一面，行善之人往往會從積極面去看，所以凡事樂觀，待人謙和，處理事情總能優游從容，中肯有效。因為行善會帶來心靈的提升，從而積了「陰德」，這些看不到的陰德，總會讓人得到福報的。雲谷禪師說：

> 擴充德性，力行善事，多積陰德。
>
> 此自己所作之福也。

行善和積善之所以能作福，是因為它改變了自己，化愚昧為智慧，改變了自己的命運。

雲谷禪師為了使袁了凡能真正地改過遷善，多積陰德，所以為他設計了一種「功過格」的訓練過程。所謂功過格，就是一本記載自己善行和過錯的簿子，功過可相抵，並以數字記載行善的積分，努力達到自己所期許的積分標準。而這個標準是在佛前許願的，然後全力以赴。

這種功過格的作法，和現代行為心理學所提出的自我控制法（self-control approach）類似，先建立能督促自己努力的環境（例如對神許願，對自己下定決心，在朋友面前說出自己的目標等），促使自己不斷努力，以免懈怠放逸。另一方面則建立鼓勵自己的步驟，記載進步的情形以鼓勵自己，或者與朋友定期互相砥礪，或將自己前後執行的成績相互比較，以增強行善的動機，努力不懈。

一個能不斷督促自己行善的人，隨時都在進步，無論待人處事，或內在的涵養，都會因為不斷的歷練，而像金剛一般純淨堅固，生活態度與適應能力也會因此而大大的改善。

袁了凡遵照雲谷禪師的指點去做，從修養身心開始，努力改正錯誤，並致力行善，立下行三千善事的目標，全力以赴。努力改變自己消極的觀念，不斷自我提升，從而感受到恬然而落實的生活，結果在態度和事業上都有了很大的改變，最後連孔先生為他算的命數也拘束不了他。他講過一段話，大意是說：一個人對外要知道行善助人，對內要能自制，必須每天改過遷善。要提醒自己：一天自以為是，便是一天不進步，而人生之所以會失敗，是因為不懂得進德修業呀！

佛法講「醒覺」，就是要我們知道現況與缺陷的「此岸」，然後努力學習自制，達到完美的「彼岸」。換言之，就是要我們從命數的「此岸」，努力修持，而轉變成能自我控制、自我醒覺的「彼岸」。釋迦牟尼說：

大智慧到彼岸。

這句話就是在教誡我們，要從自我努力和誠心淨定的修行中，去創造自己的命運。

拾

任運於開放的社會

佛法

說即雖萬般，
合理還歸一；
煩惱暗宅中，
常須生慧日。
菩提本自性，
起心即是妄；
淨心在妄中，
但正無三障。

——《六祖壇經》

解說

生活上的事事物物真是千變萬化，
任運自處之道則只有一個，
在世態炎涼的紛擾裡，
一定要保持光明清醒的智慧。
智慧就是自己的本質，
勉強造作會扭曲自己而變得虛妄不實。
我們雖脫離不了紛擾的社會生活，
但只要用真心去待人處世，
心裡自然清靜安祥，
這種清淨的法身，具有正大光明的力量，
使我們免除心理上的困頓和苦惱。

現代人生活在一個高度科技文明的社會，每個人的價值觀念、思考方式、經濟生活和生活態度等，都要在這個科技文明的大染缸裡，接受洗禮，而不自覺的做了所謂的「現代人」。

現代人有什麼特別之處呢？事實上並沒有。跟古代的人相比，我們在人性上並無不同，唯一的差異是現代人活在一個講求「有」的價值體系裡，強調推理、分辨和占有，同時生活在緊張焦慮和疏離不安之中。商業化的生活，使我們不再為需求而生產，而是為了推銷和成長率而生產。量化的觀念，使我們只知道擁有和利益，而不顧及利益和數量是犧牲許多福祉才換來的，例如大量的工業生產和無盡的揮霍，造成自然生態的失衡和污染。

欲望的無限制增強，造成更嚴重的貪婪與競爭，帶來心靈上的不安；而推銷與包裝的市場觀念，則使許多人把自己也當作貨品來推銷，而失去了自我肯定。人們的生活因為強調物質與數量的觀念，而導致價值上的混淆不清，讓我們似乎不是為了生活，而是在犧牲生活來追求物質。無止無休的競爭確實引起生活品質的改變，而我們內心卻只能無能為力的吶喊。

在人定勝天及征服自然的科技觀念裡，我們錯誤地推論：人類是萬能的。

這種自大的意識，使自己失去謙卑之德，而自我中心的意識與個人主義的觀念，則形成了孤立與對立，讓自私和擁有成為普遍的自我防衛武器。在這種風氣下，如果法治與控制不能發揮強大的力量，社會就會紊亂，而這種紊亂顯然是無法完全用法治的力量來救濟的。

此外，在大企業的運作制度下，大部分的人都在指令下被動地工作，創造和獨立思考已成為少數人的專利。更確切地說，大部分人的工作是呆板而可憐的。我們在教育界裡培養學生獨立思考，但在社會上則恰好跟教育背道而馳，因為他必須聽候號令工作，否則工作的流程便會遭到破壞，而影響效率和生產。這種矛盾造成了心理的緊張，因為一個活生生追求創造與自我實現的人，已經被扭曲成為一個企業組織下的齒輪。

許多人文心理學家早已注意到這種社會變遷，如佛洛姆和羅洛・梅（Rollo May）等人，均提出警告，甚至連歷史學家如史賓格勒（Oswald Spengler）、湯恩比（Arnold Joseph Toynbee）等人，亦為此而提出現代文明的危機。他們的警語和所說的危機又是什麼呢？答案很明顯，那就是心理的不安與矛盾，也是佛法所謂的「迷妄」，因為我們確實生活在妄境中，以致喪失了快活和朝氣。現代人的迷妄是什麼呢？茲歸納如次：

● 現代人普遍不是為了生活而生活，而是為了追求欲望而生活，因此喪失了自覺與自我肯定的自在。

● 由於生活發生疏離，自己與內在的真我分離，感情與理智分了家，於是生活在不屬於自己的困境裡。

● 生活態度是對立的，與別人不能發生真心的友愛，於是產生了孤立與孤獨的感受。

● 強烈地追求物慾和權勢，過度競爭和忙碌帶來緊張與焦慮，喪失了優游自在的情懷。

● 一味的與別人做比較，把自己當貨品一樣地跟他人較量，結果不是放棄自己的本真，便是因比不過人家而造成自卑與挫敗。

現代人的科技文明固然面臨以上精神生活的苦悶，但現代文明並非一無可取，其優點還是很多的，比如重視民主與自由，有良好的生活條件，使我們有餘力提升精神生活等，特別是在物質生活及醫藥上，人類從未有過如此發達的盛景，這些都是現代人值得珍惜的，同時也是人類多年來努力的福報。但現在我們所面臨的問題是：雖有福報，但我們的生活並不快樂。我們目前所要選擇的並不是退回原始時代或農業時代的生活，事實上這也不可能，因此我們亟需努力的是精神生活的提升，要在眾說紛紜的價值觀念中，使自己真正的醒覺過來。

每個人都有不同的個性與經驗，生活的適應方式也各不相同，實現的途徑不一，職業與工作不同，生活方式也有差異，但是在彼此的不同之中，卻有個共同的真理——醒覺。因為醒覺可以讓人從許多防衛機制、成見和操縱的心態中解脫出來，過著曠達、清楚、自由和自在的生活。以下便是幾種醒覺的自我訓練方式。

做你該做的人

每個人都應該喜歡自己，接受自己，愛護自己，並且發揮自己，把自己看做是獨一無二的個體。莎士比亞（William Shakespeare）說：「你是獨一無二的，這是最大的讚美。還有誰可以說得更有力？」

可是我們卻常放棄自己的本色，千方百計地要去學別人，別人怎麼做就跟著怎麼做，甚至要費盡心思去忖度別人對自己的看法，好像自己的行為和模樣總是不好的，要聽聽別人的看法才對。這種觀念如果用在一般共同遵守的社會規範上，如維護安寧和公共秩序，不妨礙別人自由等等，那是正確的，但是如果用在人生的問題上，那就大錯特錯了。

《伊索寓言》裡頭有這麼一則故事：父子兩人趕著一頭驢到市鎮去，途中有人批評他們兩人真傻，驢子不騎卻趕著走。父親覺得別人說得對，就讓兒子騎驢，自己步行。走不遠，有人批評說那兒子不孝，自己騎著驢，卻讓老爹走路。父親聽了也覺得很有道理，於是改由自己騎。再走一段路，又有人批評父親不懂得照顧孩子，自己騎驢，讓可憐的孩子在後頭追趕。父親又覺得有道理，於是便兩個人一起騎。可是才走不遠，又有人批評他們不仁慈，兩個人騎在驢背上，驢子都快被壓垮了，父子倆人於是決定綁著驢子，用扁擔抬著走，但在過橋時，憤怒的驢子因為掙扎，而使他們墜入河裡。這個故事告訴我們，生活與生命是自己決定的，你無法討好每一個人，所以根本之道還是在於認識自己，忠實自己。

我們根本用不著羨慕別人的榮華富貴，用不著受別人的大事吹擂所蠱惑，也不能懾懼於別人的威名。不必做一個討人喜歡的「孩子」，而要做一個忠實於自己的「成人」。有一位哲人說：「假如我是我，那是因為生來如此；你是你，也是因為你生來如此。那麼我是我，你是你。但是，假如因為你而我是我，因為我而你是你，那麼我不是我，你也不是你。」

每一個人的心中都有一個脆弱的「孩子」，常常情不自禁的要出來討好別人，因而否定自己。如果我們沒有把這個孩子陶冶成「成人」，那麼自己永遠是個孩子，經常要否定自己。

否定自己會導致嚴重的後果，因為它使自己喪失正確的判斷，使自己的創造力和智慧漸漸萎縮。更嚴重的是，它與自己的心聲發生矛盾，而造成莫名的畏怯與不安。

開放的社會提供了多重的價值觀念，公說公有理，婆說婆有理，人們有了言論自由，流言傳聞之多，真是五花八門，因此我們很容易被危言聳聽所懾服，很容易受某種傳聞所左右，這樣極易造成錯誤的公論，把社會帶向錯誤之路。言論自由是好的，但必須要能忠於自己的耳朵；多聽別人的意見是對的，但心中必須要有一位沉著穩重的真我。

內在的我是一個人的真我。在佛法中，非常重視真我的培養。有一次黃檗的學生裴休買了一尊佛像，請求黃檗為他取個名字。黃檗很機智的隨機教學說：「裴休。」裴休於是應聲，黃檗便告訴他說：「我已經取好名字了。」黃檗為什麼要把裴休買的佛像取名為裴休呢？答案很簡單：佛要從心中做，不是從心外求。自性覺了就是佛，自性迷了就是凡夫俗子，而根據自己的本真去生活就是覺，就是佛。

能夠聆聽內在我的心聲並予以肯定的人，就能做一個自己應該做的人。這就是覺的開始，也是修道與悟道的入門。能做自己該做的人，必然也會尊重別人該有的樣子，這才是平等，才是自由。人只有在自覺之後才有真自由和真平等，也只有自覺和自我肯定，才會有優游自在的生活。

有一對夫妻兩個人都有正當的職業和固定的收入，算是小康之家，但是他們很愛面子，穿的一定是流行的款式，質料優美；應酬也一定出手大方，表現得相當體面又風光；看到別人開車，自己也標會買車子，結果幾年間就債台高築，後悔莫及。

許多人為了生活在別人的讚美聲中，反而弄得身敗名裂；也有很多人懼怕別人的閒言閒語，因而無所適從，不知所措。人應該服務別人，但不可以為別人而活；應該珍惜別人的觀感和意見，但不是沒有主見的接受。每個人都有自己的個性、興趣和專長，每個人也都是絕對豐富而完美的，如果抄襲別人一分，就破壞了這獨一無二的美。因此，人只有在自覺與自我實現中，方能找到成功與幸福的生活。

自我控制

在開放的社會裡，個人的價值觀念會受到尊重與肯定，表現的社會行為也就形形色色，於是百豔爭奇，層出不窮，刺激欲望的因素也就不斷增加。一個人如果不能自我控制，就不能自治，也就很難在價值分歧的社會裡肯定自己，使自己醒覺過來，去過屬於自己的生活。比如說眼見別人取巧賺錢，我們必須自我控制，維持正常的經營與工作。別人獲得成就，我們不能一味的追隨，必須注意自己有屬於自己的成功之路。別人追求流行的服飾，自己也要提醒自己，配合自己的角色，做適當的選擇。俗語云：「輸人不輸陣。」（可以不跟少數比，但不能不跟大家比）這種觀念往往使我們犧牲了自己的立場和判斷，而使自己墜入失落的困境。

在開放的社會裡，每個人都需要自制，都要有自我控制的能力和修養，要肯定自己做審慎理智的抉擇，且能誠心地回答是與不是。

但是在我們的社會裡，不能自我控制的人實在太多了。比如說，許多人下定決心要改掉自己性急的習慣，但是稍有不如意，仍然暴跳如雷。另外有些人想要戒除某些嗜好，但誘惑一出現就又故態復萌，說是控制不了自己。佛法為了幫助人們自我控制，於是教人守戒，以戒律為待人處事的指南，所以叫做「以戒為師」。自我控制顯然不是一件容易的事，它不是一蹴可幾的，而是需要一些方法來幫助我們控制自己。

首先可以著手改變環境。環境是刺激心理生活的來源，你是否生活得喜悅輕鬆，跟你的環境有很大的關係。身處在安靜的環境，心裡也會跟著安穩清靜起來；置身於喧鬧的地方，相當然耳，應該很難按捺得住自己。所以孔子告訴學生，要選擇有仁德的鄰居；孟母則三次搬遷，以選擇好的居所；而僧人為了自悟醒覺，必須先到安靜的地方修行和接受訓練。

因此，你如果覺得家裡太吵不能安靜讀書，就應該到附近的圖書館看書；你想提升自己的品行和能力，就得親近比你優秀能幹的伙伴；你想養成早起的習慣，就得把窗簾打開，讓明日的曙光喚你早起，或把鬧鐘放置在較遠的牆角，逼得你不得不離開溫暖的床鋪，關掉喚你醒來的鬧鐘，等你關掉它，你就不會想要再躲入被窩了。

把家裡的客廳整理得乾淨簡單，回家就會覺得輕鬆愉快，而如果任由它雜亂無章，或布置得眼花撩亂，一進門就會覺得平靜不下來。如果再把電視機的聲音扭大些，那就會更加心浮氣躁，更難平靜下來。

有一對父母親找我談子女教養的問題。他們的孩子念國中，晚上回到家裡後總是不肯做功課，常常在家裡踱方步，要不然就是出去找同儕玩，更糟的是跟別的孩子打架。父母親很為孩子擔心，問我有什麼辦法可以改進。有一次我順便拜訪他們，一踏進三樓的門檻，便覺得客廳光線不足，有四盞紅黃的燈光，把室內照得目眩眼花，而電視機、沙發及裝飾擺設等，雖然看似華麗，但卻一點也不清雅。而孩子們的書房就緊鄰著客廳，黑黑暗暗的，只有桌上的一盞小枱燈亮著。我看出孩子踱方步和不喜歡讀書的原因，於是建議他們改善燈光和擺設，環境在經過改善之後，孩子便有了很大的轉變。

專注的工作和良好的休閒習慣，必須要有單純的環境配合。能力的培養和德行的修為，更需要有好的朋友相互砥礪。時下有許多年輕人喜歡邊讀書邊聽音樂，邊趕路邊欣賞隨身聽，這無疑是環境安排的失當，它使讀書效力大減，注意力分散。

要想把潛能發揮出來，環境是很重要的。每個人都有獨特的先天稟賦，但必須藉助後天的努力才能發揮出來，而環境是後天努力的最重要條件。

每個人都有一些需要改正的缺點，決心改正就得要有所安排。例如你想戒菸，就得口袋裡不帶菸，並且在剛開始那幾天，最好少跟癮君子長聊，而必要時可以培養新的嗜好，以代替突然不抽菸的空虛，例如種花、學書畫等，或者改以喝茶來解饞。這些都是從環境的改變來控制一項新的行為。

加強內在的控制也是要訣。內在的控制是指一個人的決心和意志。斯瑞生和馬亨尼（C. E. Thoreson & M. J. Mahoney）在他們所著的《自我控制行為》一書中，提到自我控制失敗的最大原因，是自暴自棄的行為（self-defeating behavior）。他們把這種消極的心理解釋為：為求一時的滿足和快慰，導致長期目標的失落。失去內在控制的人，常常會用「只有這一次例外」、「偶爾為之不算什麼」、「明天再開始」等藉口，為控制不了自己找理由。

任何事情都不應該有例外，例外就是失去自我控制的起點，也是意志力受到破壞的開始。一個戒菸半年的人，會因為例外而再度成為癮君子；一個勒戒吸食麻醉物品成功的人，也可能因為破例，而再度自陷泥淖。

因此我們無論在待人或處世上，都應該遵守原則，才能做正確的選擇，特別是在義、利之辨時，更需要做內在的控制。

還要學習淡化不好的刺激。每一個行為都是刺激所引起的反應，因此行為並不只是外在的舉止和態度，它包括內心的喜悅與憎恨、輕鬆和緊張、快樂與憂傷等等情感的反應。要想控制自己，就得控制引發刺激的環境。但是，人生在世不如意事十之八九，某些環境固然可以預做安排，但大部分環境則很難加以控制，因此如果要在不利的環境下做到自我控制，就得採取以下兩個方法。

第一，對於引誘你產生不良行為的刺激，必須以淡化的方式一笑置之，不要特別去強調它，自然相安無事。別人惹你氣憤，都是因為自己一再強調對方可惡才會越來越生氣，弄得憂忿填膺，不可收拾。如果我們能對某些引起我們動心的誘惑淡然處之，不多流連顧盼，自然不會被物慾所拘，而免於流為物的奴隸。

第二，某些引起爭吵憤怒或憎恨的人物，必須設法與他改善關係，主動建立一點友誼，自然能淡化「其面目可憎」的感受。化敵意為友誼，是改善自己情感生活和提升人性尊嚴的辦法。這裡所謂化敵意為友誼，並不只是因為你跟他示好或對他布施，討好他的歡心，才化解自己和對方的敵意。更重要的是，當我們對別人表示友誼時，自己內心的敵意與憎恨便會漸漸淡化，而治癒了自己的憎恨之感。切記，討好對方並不是你的目的，布施給對方的心意和自己內心的改變，才能使自己走出狹隘的死巷。

在佛法中所列出的六種追求自覺之道（即六波羅蜜，包括布施、持戒、忍辱、精進、禪定和智慧），便是以布施為第一，因為它不但能淡化對立與敵意，消滅受蠱惑的力量，更重要的是它能幫助自己產生充實感，因而醒悟過來。

化險為夷

人在某些情境下，很容易導致憤怒或憂懼的感覺，此時如果採取壓抑或強忍的方式，把它放在心裡，那就會造成更大的鬱悶和痛苦，總有一天會像火山爆發或河水決堤一樣，造成災難。當然，如果放縱自己任意發洩，對別人發怒洩忿，那也會弄得窘態畢露，後果堪慮。

那麼我們究竟應該採取什麼樣的態度，才能化險為夷呢？有的，我們可以換另一種可以被接受的反應來處理。比如說幽默和詼諧，不但可以使自己有個台階下，同時也能把怒目相向化為笑臉可掬。有一位母親在好幾位客人面前，數落女兒不愛乾淨，這往往會讓處於青春期的少女感到丟臉，然而女兒如果在那種場合跟母親鬥嘴，勢必又會造成尷尬的場面。結果女兒很幽默地說：「媽媽、阿姨！蓮出汙泥而不染嘛！」逗得大家哈哈大笑，緊繃的氣氛馬上為之輕鬆起來。

幽默不但可以化險為夷，而且還能幫助自己肯定自我。有位一眼失明的先生在公開場合發表冗長的意見，其他人頗不以為然，便有人批評他說：「你只有一隻眼睛，根本看不清事情的真相。」這位先生很幽默地說：「我是只有一隻眼睛，所以才一目了然。」結果大家都笑了，而這位先生也很從容地把他的意見講完。

在現代這個開放的社會中生活，我們必須肯定每一個人都是獨一無二的，而且值得尊重。另外，我們也要尊重自己，根據自己的因緣和個性，做自己應當做的人，不要跟別人比較，而要發展自己的潛能，實現自己的天賦。在生活上，你不可否定自己的本質，也不要常常以別人的眼光來看待自己，責備自己，那就不會拘泥死板。當然，你也要懂得跟別人和諧相處，遵守社會規範，不影響別人的自由；但這並不意味著要犧牲自己，遷就別人，否定自己。比如說你剛好有事情在忙，就要有勇氣婉拒一項約會；一個地位高、待遇好的職位正虛位以待，如果它與你的個性和興趣完全不合，也要有勇氣說一聲「不」字。

一個人是在醒覺後才會產生智慧，發揮能力，然後優游任運地創造成功的人生。

國家圖書館出版品預行編目資料

優游任運過生活：優游的生活態度，任運的生活智慧／鄭石岩作. -- 三版. -- 臺北市：遠流, 2007.08

面；　公分. --（大眾心理館鄭石岩作品集. 禪學與生活；4）

ISBN　978-957-32-6132-2（平裝）

1. 人生哲學　2. 生活態度　3. 心理學

191　　　　96014156